보육현장에서의 기본생활지도

Guidance for Young Children

한찬희

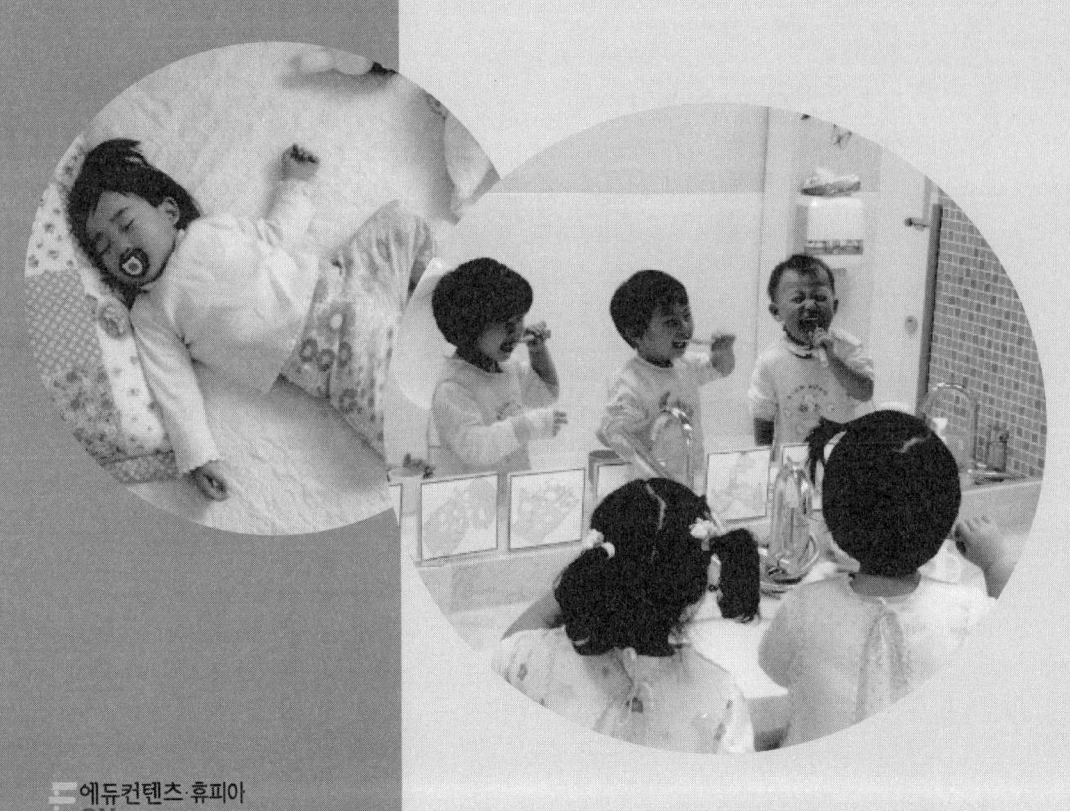

보육현장에서의
기본생활지도

2020년 1월 30일 초판 1쇄 인쇄
2020년 2월 5일 초판 1쇄 발행

저　　자 | 한찬희 著

발 행 처 | 도서출판 에듀컨텐츠휴피아
발 행 인 | 李 相 烈
등록번호 | 제2017-000042호 (2002년 1월 9일 신고등록)
주　　소 | 서울 광진구 자양로 28길 98
전　　화 | (02) 443-6366
팩　　스 | (02) 443-6376
e-mail | iknowledge@naver.com
web | http://cafe.naver.com/eduhuepia
만든사람들 | 기획·김수아 / 책임편집·이진훈 황혜영 이강빈 길은지 김정연
　　　　　　 디자인·유충현 / 영업·이순우
I S B N | 978-89-6356-267-4 (93370)
정　　가 | 16,000원

ⓒ 2020, 한찬희, 에듀컨텐츠휴피아

* 이 도서의 국립중앙도서관 출판예정도서목록(CIP)은 서지정보유통지원시스템 홈페이지(http://seoji.nl.go.kr)와 국가자료종합목록구축시스템(http://kolis-net.nl.go.kr)에서 이용하실 수 있습니다.
(CIP제어번호 : CIP2019040913)
* 이 도서는 저작권법에 따라 보호받는 저작물이므로 무단전재와 무단복제를 금지하며, 이 책 내용의 전부 또는 일부를 이용하려면 반드시 저작권자 및 에듀컨텐츠휴피아 출판사의 서면 동의를 받아야 합니다.

목 차

Ⅰ. 아동생활지도의 개념 — 3
1. 아동 생활지도의 정의 ■ 3
2. 아동 생활지도의 필요성 ■ 8
3. 아동생활지도의 목표 ■ 17

Ⅱ. 아동 행동에 대한 이해 — 25
1. 부적응 행동에 대한 이해 ■ 26
2. 영유아기 발달 특성에 대한 이해 ■ 28
3. 가족 환경 특성에 대한 이해 ■ 39
4. 기관 특성에 대한 이해 ■ 50
5. 스마트기기 등 미디어의 영향 ■ 55

Ⅲ. 아동생활지도의 바람직한 접근 — 61
1. 긍정적 관계 형성 ■ 62
2. 지지적 환경 제공 ■ 66
3. 가르치기와 코칭 ■ 68
4. 집중적인 개별적 중재 ■ 76
5. 가정과의 연계 ■ 78

Ⅳ. 영유아 기본생활지도 — 81
제1절 이유 및 식습관 지도 ■ 82
   1. 영아기 ▶ 82
   2. 유아기 ▶ 87
   3. 영유아기 식습관 지도 시 고려할 점 ▶ 90

제2절 배변 지도 ▪ 95
    1. 영아기 ▶ 95
    2. 유아기 ▶ 103

제3절 낮잠 및 휴식 ▪ 106
    1. 영유아기 발달과 수면 ▶ 106
    2. 영아기 ▶ 107
    3. 유아기 ▶ 111
    4. 바람직한 지도 방법 및 유의점 ▶ 113

제4절 청결 습관 및 옷 입기 지도 ▪ 117
    1. 영유아기 청결 습관 지도 ▶ 117
    2. 영유아기 옷 입기 지도 ▶ 126

제5절 정리정돈 습관 지도 ▪ 129
    1. 정리정돈 행동에 대한 이해 ▶ 130
    2. 영유아기 발달에 적합한 지도방법 ▶ 130

제6절 예절과 질서 습관 지도 ▪ 136
    1. 예절행동에 대한 이해 ▶ 136
    2. 지도내용 ▶ 137

제7절 안전 생활 습관 지도 ▪ 141
    1. 안전 습관 지도에 대한 이해 ▶ 141
    2. 안전 습관 지도 내용 ▶ 142
    3. 안전 습관 지도의 원칙 ▶ 145
    4. 아동의 발달에 적합한 지도방법 ▶ 146

V. 집단 생활 지도   ___ 149

제1절 집단 규칙 지도 ▪ 149
    1. 규칙에 대한 이해 ▶ 149
    2. 지도내용 및 방법 ▶ 152

제2절 긍정적인 또래관계 지도 ▪ 154
    1. 또래관계에 대한 이해 ▸ 154
    2. 지도내용 및 방법 ▸ 160

VI. 개인 행동 지도 ___ 165

제1절 분리불안 ▪ 165
    1. 분리불안에 대한 이해 ▸ 165
    2. 지도 내용과 방법 ▸ 167
    3. 영유아 적응 프로그램 운영 ▸ 169
제2절 공격행동 ▪ 178
    1. 공격행동에 대한 이해 ▸ 178
    2. 공격성의 유형 ▸ 180
    3. 지도내용 및 방법 ▸ 184

부록 ___ 197

참고문헌 ___ 204

[저자 소개]

한 찬 희

[학력]

연세대학교 아동학과 졸업

연세대학교 대학원 아동·가족학과 졸업 (문학박사)

[경력]

연세대학교 부속 「어린이생활지도연구원」 교사

푸르니 일산 어린이집 주임교사

푸르니 일산 어린이집 원장

푸르니보육지원재단 연구원

한국여성정책연구원 위촉연구원

5세 누리과정 해설서 집필진 (교육과학기술부 장관 표창)

(전) 연세대학교 아동·가족학과 강사

(전) 연세세대학교 교육대학원 유아교육전공 강사

(현) 신구대학교 아동보육과 교수

보육현장에서의 기본생활지도

Guidance for Young Children

한찬희

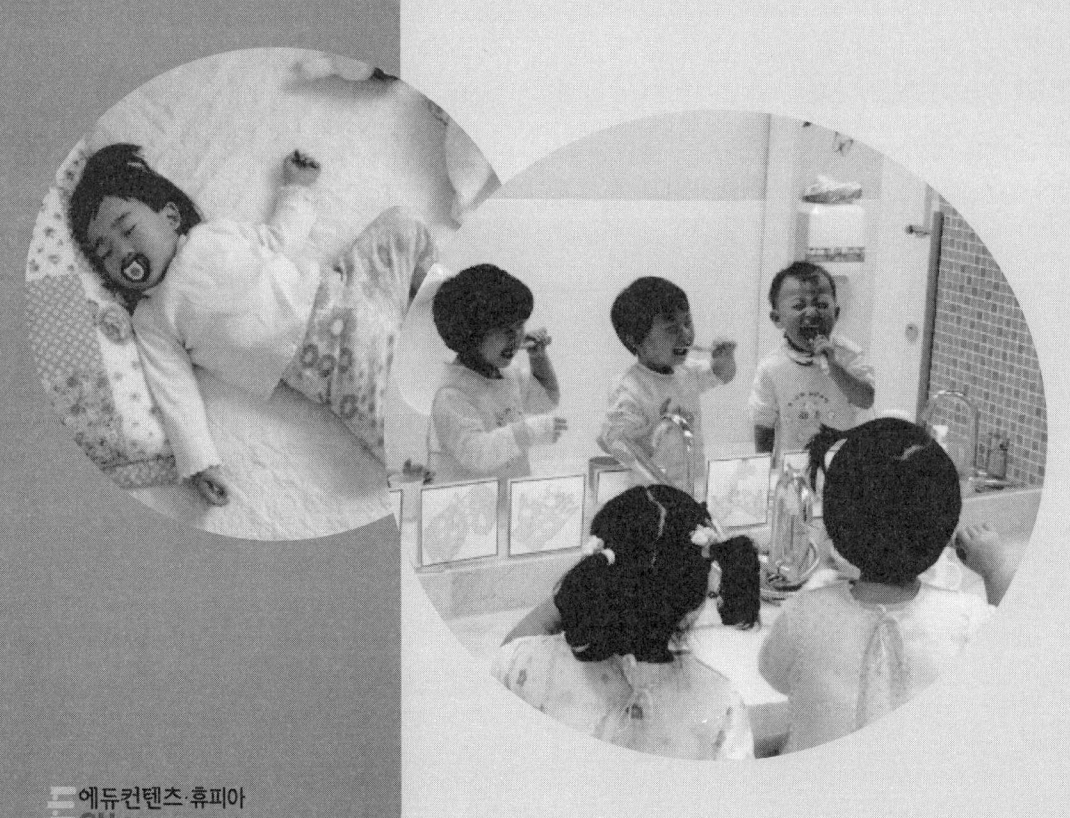

Ⅰ. 아동생활지도의 개념

1. 아동 생활지도의 정의

<들어가기 전에>
'아동생활지도'라는 교과목 명칭을 들었을 때, 떠올랐던 생각이나 느낌 등을 그림 혹은 글로 자유롭게 나타내봅시다.

1) 생활지도의 일반적 개념 이해

'생활지도'는 영어의 'guidance'를 번역한 말로 '안내하다', '이끌다', '지도하다'라는 뜻을 지닌 'guide'에서 유래한 용어이다. 넓은 의미에서의 생활지도는 교육기관에서만이 아니라 일상생활에서 행해지는 생활 습관 지도, 인성 지도, 도덕성이나 가치관 형성 지도 등을 포함하며, 좁은 의미에서는 부적응 행동이나 문제아를 예방하고 발견하고 지도하는 것을 의미한다. 흔히 생활지도라고 하면 생활지도부나 훈육하는 선생님을 떠올리는 경우가 있는데, 이것은 생활지도에 대한 왜곡된 관념에서 비롯된 것이다.

교육학 용어사전에서는 생활지도에 대해 '학생의 건전한 성장과 발달을 촉진하기 위하여 생활과정에서 나타나는 현실적 문제를 개인의 특성에 맞게 지도하는 일'이라고 정의하고 있다(교육학용어사전, 1994).

교육 현장에서 자주 유사하게 사용하는 용어로는 생활지도, 상담, 심리 치료 세 가지를 들 수 있으며, 이들은 서로 유사한 점을 가지기도 하나 분명히 구분되는 측면도 있다.

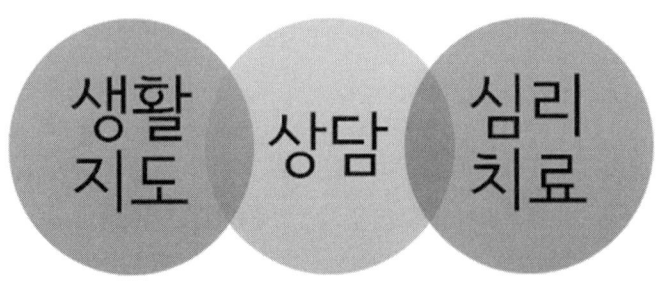

<그림> 생활지도와 유사한 개념들

- 생활지도(guidance): 학교 프로그램의 일종으로 적절한 계획을 수립하고 실천해서 학생들이 생활에서 만족스러운 적응을 할 수 있도록 도움을 주려는 데에 그 목적이 있다.
- 상담(counseling): 생활지도에 포함되는 개념으로 볼 수 있다. 예를 들어, 중·고등학교에서의 상담은 생활지도의 일환으로 행해지는 경우가 많다.
- 심리 치료(psychotherapy): 개인의 성격과 부적응 행동에 더 깊게 관여하고 심각한 문제나 부적응 행동을 수정하고자 하는 목표로 실시된다. 이 세 용어의 의미를 명확하게 구별하기는 쉽지 않으며, 이 중에서도 특히 상담(counseling)과 심리 치료(psychotherapy)를 구별하는 일은 더욱 어렵다.

구분	생활 지도	상담
대상	모든 사람	현재 문제를 겪고 있거나 잠재적으로 문제를 가지고 있는 사람
주요 기관	보육·교육기관, 가정	사회복지기관, 건강가정지원센터, 종교기관
주요 활동	일상적인 생활에서의 교도 활동	구체적인 생활 과제 해결과 적응을 돕는 활동
목적	만족스러운 교육기관 및 일상생활 적응 조력	개인 및 집단 내의 갈등 해결, 현실 생활에 적응

<표> 생활지도와 상담의 차이점

2) 아동을 대상으로 한 생활지도

아동은 다양한 이유로 부적절한 행동을 한다. 이 때, 교사나 양육자는 아동의 안전을 우선으로 하여 아동이 자기조절을 할 수 있는 방법을 가르쳐주어, 궁극적으로 아동의 신체·사회·정서·인지발달을 지원해야 한다.

이러한 아동의 행동을 어떻게 바라볼 것인가에 따라 부적응 행동(실수행동) 또는 잘못된 행동(문제 행동)의 관점으로 나누어 살펴볼 수 있다.

(1) 부적응 행동과 문제 행동

● **잘못된 행동**: 문화적 속성상 도덕적 판단 요소가 들어 있어 도덕적으로 옳지 않은 행동에 대한 훈육과 연계가 된다. 잘못된 행동이란 용어는 의도적으로 잘못을 저지르는 행동을 의미하고 그 행동에 대해 영아는 훈육을 받거나 처벌받아야 한다는 인식을 포함한다고 볼 수 있다.

● **실수행동**: 사람은 평생에 걸쳐 발달하며, 긴 생애학습 과정에서 단지 아동이 시작 지점에 있다고 보는 관점에서 출발한다. 그리고 그러한 학습과정에서 우리는 모두 실수를 한다는 것을 상기시켜준다는 점에서 의의가 있다. 아동의 부적응 행동을 실수 행동으로 보는 이 관점은 아동이 그 상황에서 적절한 행동이 무엇인지 모르거나 혹은 알면서도 아직은 실행 능력이 부족해서 적절한 행동을 하지 못한다고 인식하는 것이다.

(2) 생활지도와 훈육

● 생활지도는 때로 훈육이라는 단어로 사용되기도 하는데, 'Disciple'에서 유래한 훈육은 아동을 이끌고 가르친다는 것을 의미한다.

● 훈육이 중립적인 용어이고 처벌을 의미하는 것이 아니라고 주장하는 학자도 있는 반면, 훈육과 처벌의 범위를 명확히 구분하기가 어렵고, 현장에서 아동을 혼낸다거나 아동이 바람직하지 않은 행동을 했을 때 아동을 벌하는 것과 관련되어 부정적으로 사용되기도 한다.

● 처벌은 어떤 행동을 줄이거나 없애기 위해 부정적인 자극을 사용하는 것으로, 훈육이 처벌을 포함할 때 아동은 아무것도 배우지 못한다.

● 생활지도는 아동의 발달에 초점이 맞춰져 있어야 하며, 아동의 자아존중감을 향상시켜주는 것이어야 한다.

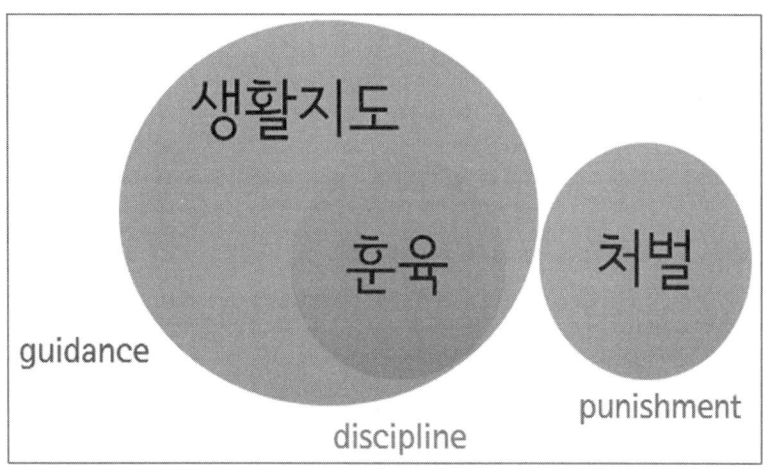

<그림> 생활지도, 훈육, 처벌 간의 관계

과도한 처벌	적절한 생활 지도
• 자존감이 낮아진다. • 당혹스러워한다. • 굴욕감을 느낀다. • 낙담한다. • 흠잡는다. • 신체적 혹은 정서적으로 상처를 입힌다. • 사회적으로 고립된다. • 분노한다. • 정서적으로 유기된다. • 좌절한다. • 애정을 거부한다. • 노력을 방해한다.	• 자존감이 높아진다. • 신뢰감을 준다. • 강하게 한다. • 격려한다. • 존중한다. • 자기 이미지를 강화한다. • 화해시킨다. • 신뢰를 촉진한다. • 희망을 준다. • 정서적 지지를 제공한다. • 친사회적 기술을 모방할 수 있다. • 애정적이고 양육적이다. • 노력할 수 있게 한다.

<표> 과도한 처벌 vs. 적절한 생활지도

3) 아동생활지도의 정의

● 어린 아동을 대상으로 한 생활지도(guidance)란 아동이 사회에서 수용되는 방식으로 문제를 해결하고 긍정적으로 행동하는 방법을 스스로 학습하도록 지원하고 가르치는 체계이다.

● 아동에게 민주시민으로서 필요한 삶의 기술을 가르치는 것으로(Wittmer & Honig, 1994), 아동이 자신의 행동에 책임을 지고 현명한 의사결정을 하며 사회적으로 수용되는 방식으로 행동하는 데 필요한 자아존중감, 자기신뢰, 자기조절 능력을 발달시키도록 아동에게 제공하는 규칙, 교수, 코칭, 환경 구성, 상호작용 등 모든 형태의 지원방법을 생활지도라 한다.

2. 아동 생활지도의 필요성

아동을 대상으로 한 생활지도의 필요성을 개인적 차원과 사회적 차원으로 나누어 살펴보면 다음과 같다.

1) 생활지도의 개인적 필요성

첫째, 민주시민의 기초 확립과 전인적 존재로서의 인격 형성을 위해 생활지도는 필요하다. 유아기는 인성과 기본 생활 태도의 기초가 형성되는 시기이므로 유아교육의 기본 과제는 인성의 바람직한 기초를 형성하는 것과 더불어 사는 사회의 구성원을 길러내는 것이다.

둘째, 당면한 개인적 문제를 해결하고 적응하기 위해 생활지도가 필요하다. 고도의 정보화를 포함해 다양하게 변화하는 21세기 사회에 대한 아동의 적응 능력을 증진하기 위해 아동들이 당면한 전인적 문제를 개별적·전문적으로 해결하거나 적응하도록 하는 생활지도가 필요하다.

셋째, 아동의 문제 행동을 올바르게 바로잡아 줌으로써 건전한 삶을 누리게 도와줄 필요가 있다.

넷째, 아동 개개인의 부적응을 예방하고 적극적인 이해를 통해서 학습자의 성장 및 발달을 촉진할 필요가 있다.

2) 생활지도의 사회적 필요성

급격하게 변화하는 현대 사회에서는 가치관의 혼란으로 많은 문제가 발생하고 있다. 이에 대한 대책으로 교육에서도 학습 지도와 함께 유아기부터 발달을 고려한 풍부한 경험의 기회를 제공하고 사회의 빠른 변화와 그에 따라 발생하는 다양한 문제에 잘 대처하기 위해 생활지도가 필요하다(강혜원 외, 2012). 생활지도의 사회적 필요성을 정리하면 다음과 같다.

첫째, 가정 집단의 변화가 생활지도의 필요성을 가져왔다.
핵가족의 증가와 여성의 사회·경제적 활동의 참여도가 높아짐에 따라 가정에서 이루어지던 교육의 기능이 국가와 사회로 옮겨가게 되었을 뿐 아니라 가정에서는 부모의 양육기능 약화로 가정 교육이 부재하게 되었다. 또한, 부모 자신도 미성숙한 경우가 많아 생활지도의 사회적 필요성이 증가하였다.

<그림> 보건복지부와 한국보육진흥원의 부모 대상 생활지도 안내책자

둘째, 문제 행동 및 비행의 증가가 생활지도의 필요성을 가져왔다.

TV, 컴퓨터, 인터넷 등 미디어의 발달로 인해 성인범죄의 모방에 의한 비행 연령은 점차 하향화되고 문제 행동은 즉흥적·집단적·과잉화 현상을 보이며 다양화되고 있으므로 생활지도가 필요하다.

셋째, 정신적 긴장감의 증가가 생활지도의 필요성을 가져왔다.

복잡하고 다양하며 빠르게 변화하는 현대 사회는 인간에게 압박감을 가하고 있으며, 아동의 경우에도 각종 학습을 비롯한 경쟁에 시달리고 있다. 따라서 민주 시민 의식을 가지고 건전하게 성장할 수 있는 생활지도가 필요하다.

넷째, 도시화 현상이 생활지도의 필요성을 가져왔다.

인구의 도시 집중화는 도시의 기능을 다양하게 변화시켰고, 도시의 과밀화를 가져와 교통 혼잡, 공해, 빈민 지역 형성 등의 많은 문제를 낳게 하였다. 이는 또한 구성원 간의 이질감, 타산적 사고방식, 개인주의 경향, 가치관의 혼란 등을 빚어 이를 위한 생활지도가 필요하다.

다섯째, 환경의 오염이 생활지도의 필요성을 제기한다.

세계는 각종 자원의 결핍과 환경 오염 등의 재해로 시달리고 있으며 생태계가 파괴되고 있다. 이로 인해 공기, 물, 토양 등이 오염되고 있으므로 환경의 오염에서 벗어나 심신의 안정을 유지하고 환경 보호를 위한 사고와 자세를 길러주기 위해 생활지도가 필요하다.

여섯째, 사회 분쟁 등이 생활지도가 필요하다.

세계화된 사회 구조는 때로 변칙적인 변질을 가져올 수 있으며, 이러한 사회 분쟁은 사고나 태도의 비정상적인 변화를 가져오고 정서적 불안감을 형성하여 인간의 자유와 권리, 생존을 위협할 수 있으므로 이를 위한 생활지도가 필요하다.

3) 생활지도의 긍정적 효과

1. 교사에게 신뢰감이 형성된다.
2. 안전감과 안정감을 경험한다.
3. 자기조절능력이 향상된다.

4. 책임감과 공감능력이 발달한다.

5. 유능감이 발달한다.

4) 처벌의 부정적 효과

1. 신뢰감과 관계 형성을 저해한다.

2. 자기조절을 가르치지 않는다.

3. 자아존중감을 손상시킨다.

4. 공격성의 모델이 된다.

위의 모든 측면이 중요하지만, 그 중에서도 핵심적인 요소는 바로 '자기조절력'의 발달에 긍정적인가 혹은 부정적인가의 측면이라고 할 수 있다. 이와 관련하여서는 조금 더 자세히 살펴볼 필요가 있다.

5) 자기조절력(Self-Control 또는 Self-Regulation)의 중요성

아동 발달 및 교육을 연구하는 현 시대 학자들의 가장 큰 관심사는 바로 '자기조절력'이다. 그간 선진국을 중심으로 이루어진 다양한 아동 관련 연구들을 통해 아동이 어린 시기부터 자기조절을 시작한다는 것이 밝혀졌고, 이러한 능력이 이후의 성장과정 뿐 아니라 지속적으로 인생의 행복 및 성공에 영향을 준다고 알려졌기 때문이다.

<사진> 자기조절력과 아동의 성공적 삶의 관계를 설명하는 서적들

흔히 많은 부모들은 자녀들이 공부 잘하고, 남들과 잘 어울리며, 또래나 조직에서 인정받기를 희망한다. 이러한 측면을 모두 갖춘 아동이라면 분명 인생에서서 성공적 삶을 살 수 있을 것이다. 그렇다면, 우리가 성인으로서 영유아기에 키워주어야 할 자기조절력은 그 중요성이 더해진다. 그 이유를 제시하면 다음과 같다.

(1) 사회적 동물로서의 인간

영유아기부터 이미 사람은 다른 이들과 어울려 지내야 하고, 그 과정에서 우리는 자신의 욕구가 다 받아들여질 수 없는 상황에 놓이게 된다. 아동들은 가정에서 부모를 비롯한 양육자가 자신의 요구와 바람대로 대부분의 상황을 배려해주던 상황에서 벗어나, 다소 불편하고 힘든 상황에 조금씩 노출되게 된다. 이 때, 아동에 따라 자신의 욕구가 받아들여지 않는 것에 분노하고 떼를 쓰는 경우가 있는가 하면, 적당하게 조절하는 경우도 있다. 이러한 자기조절력은 그간의 많은 연구를 통해서 신생아 시기부터 어느 정도는 성향적으로 갖추고 있음이 보고되기도 하였다. 그러나 영유아기의 양육 및 교육의 과정에서 주변 성인이 어떻게 도와주느냐에 따라 자기조절능력은 향상될 수 있고, 이후 발달에 큰 영향을 주는 요소이기 때문에 부모 및 교사의 역할이 매우 중요하다.

(2) 아동의 행복과 직결되는 요인

인간은 자신의 삶에 대한 통제력이 나에게 있을 때, 거기에서 삶의 의욕을 느낄 수 있다. 이는 비단 아동 뿐 아니라 성인도 마찬가지로, 누군가 나에게 일을 시킬 때, 그로 인해 내 생활이 영향을 받고 선택권이 없을 때 행복하지 않다고 느끼게 된다.

자기조절력을 적절히 연습해볼 기회를 갖지 못한 아동은 자기 욕구가 늘 받아들여지고 조절해볼 기회를 갖지 못하게 된다. 이런 경우, 아동은 주변사람들에게 수용되지 않는다는 불편한 감정을 느끼게 되고 부정적 정서를 표출하면서 부정적인 정소 속에 자신을 내버려두는 결과를 초래하게 된다

아동이 자기조절을 함으로써 얻는 것은 주변 성인들로부터의 인정, 친구들의 애정과 관심, 자신의 유쾌한 기분 등을 들 수 있다. 바로 여기에서부터 자신감이 생기고 삶의 의욕을 갖게 된다.

성인들의 사회에서도 아무리 일을 잘하고 능력이 뛰어나다 해도, 그 사람이 감정 조절을 하지 못하고 조직에서 오히려 따돌림과 소외의 대상이 될 수 있고, 주변 사람들은 그 사람과 교류하고 싶어지지 않을 것이다. 이러한 논리에 근거한다면, 앞으로 끊임없이 욕구가 좌절되고 자신이 원하는대로 되지 않은 집단생활 속에서 어린 시기부터 조금씩 조절을 해볼 수 있도록 기회를 주는 것이 필요하다.

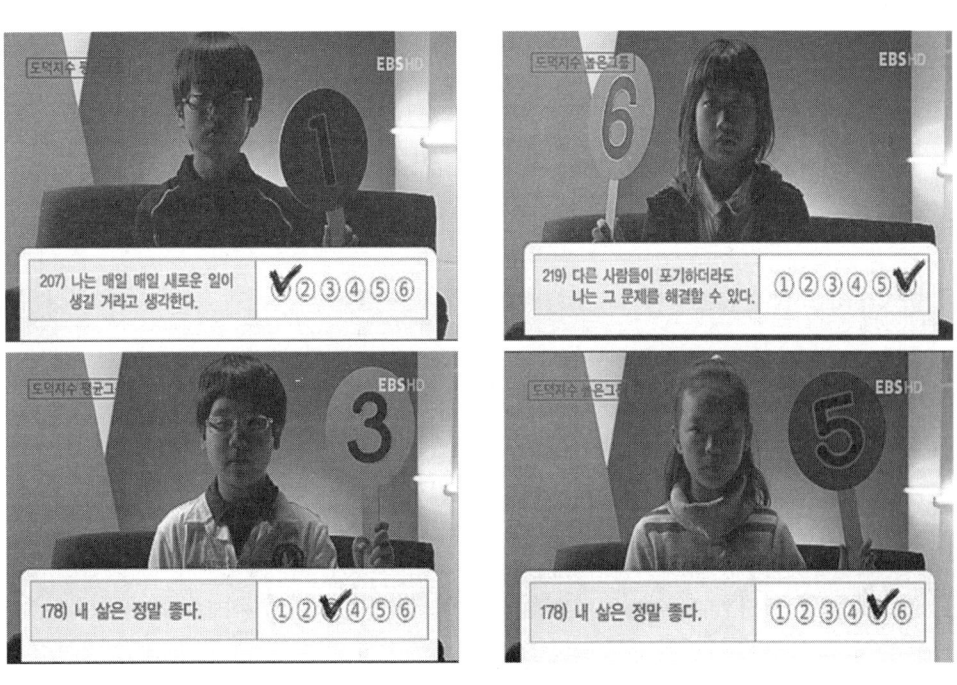

<사진> 자기조절력(도덕성)과 아동의 행복과의 관계

(3) 아동의 성공을 예측하는 요인

아동의 자기조절에 대한 많은 연구들은 결국 이것이 한 인간으로서의 성공적 삶을 예측해준다고 밝히고 있다. 인내력, 집중력, 도덕성 등의 출발점은 바로 이 자기조절력에 근거하기 때문이다. 실제로 국내 EBS 다큐멘터리 프로그램 <아동의 사생활-도덕성>에서는 아동들의 자기조절력에 따른 다양한 요인들을 비교 분석함으로써 초등 이후 학업에 나타나는 성공이 자기조절력 및 도덕성과 관련이 있음을 제시하기도 하였다.

또한 이 같은 자기조절력은 어린 시기부터 이루어지는 부모의 적절한 생활지도와 훈육을 통해 길러질 수 있음을 다양한 사례들을 통해 찾아볼 수 있다.

 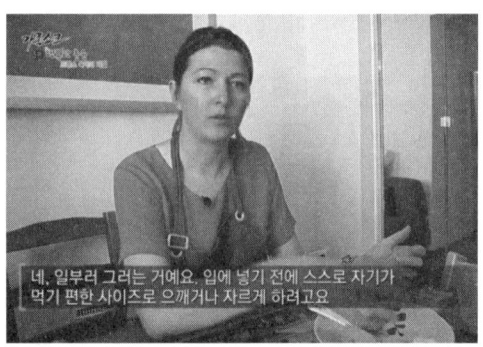

<사진> 관련영상: EBS '행복한 훈육' 프랑스 육아의 비밀

3. 아동생활지도의 목표

1) 아동생활지도의 장기적 목표

생활지도는 궁극적으로 아동이 긍정적인 자아존중감을 갖고, 사회적으로 수용되는 방식으로 자기조절을 하며, 문제가 있을 때 자율적 도덕성을 기반으로 현명한 결정을 할 수 있는 능력을 갖추도록 돕는 것이다.

아동이 생산적 시민, 건강한 개인으로 기능하는 데 필요한 능력인 '민주적 생활기술'을 습득하도록 지원해주는 것으로서, 여기서의 기술이란 다음과 같다.

< 민주적 생활기술 >

1. 자신을 집단에서 가치 있는 개인이자 유능한 구성원으로 여기는 능력
2. 강렬한 정서를 타인에게 상처주지 않으면서 표현하는 능력
3. 현명하면서도 윤리적으로 문제를 해결하는 능력
4. 다른 사람의 감정과 의견을 이해하는 능력
5. 집단구성원 간의 차이를 수용하면서 협력적으로 일하는 능력

2) 아동생활지도의 단기적 목표

아동 생활지도의 단기적 목표는 우리 사회의 모든 구성원들에게 요구되고 적용되는 기본적이고 필수적인 규칙을 따르며 살아갈 수 있도록, 그 기초를 마련해주기 위하여 아동을 돕는 것이다.

이러한 규칙들을 효율적으로 전달하고 아동의 이해 수준에 맞추기 위해서는 간단하고 명료한 지침이 필요하며, 아동이 옳고 그른 것 간의 차이를 알도록 도와주는 것이 필요하다.

- 다른 사람의 권리를 침해하는 행동을 해서는 안된다.
- 자신이나 타인을 손상시킬 위험을 주는 행동을 해서는 안된다.
- 주변 환경이나 동물, 사물 그리고 자료들을 이유 없이 손상해서는 안된다.

3) 아동생활지도 원리

1. 아동생활지도는 자율적이며 지도능력의 함양을 기본으로 삼아야 한다.
2. 아동생활지도는 처벌이나 제지가 아니라 선도 혹은 지도여야 한다.
3. 아동생활지도는 모든 아동을 대상으로 한다.
4. 아동생활지도는 중재보다는 예방에 중점을 두어야 한다.
5. 아동생활지도는 임상적 판단 뿐만 아니라 과학적 근거에 기초한 판단에 역점을 두어야 한다.
6. 아동생활지도는 전인발달에 초점을 두어야 한다.
7. 아동생활지도는 아동에 대한 발달적 관점에 기초하여 구체적인 활동계획을 세워야 한다.

4) 아동생활지도에서 다루는 내용

아동을 대상으로 하는 생활지도에서 다루는 내용들은 크게 세 가지로 나누어볼 수 있으며, 아래 그림과 같다.

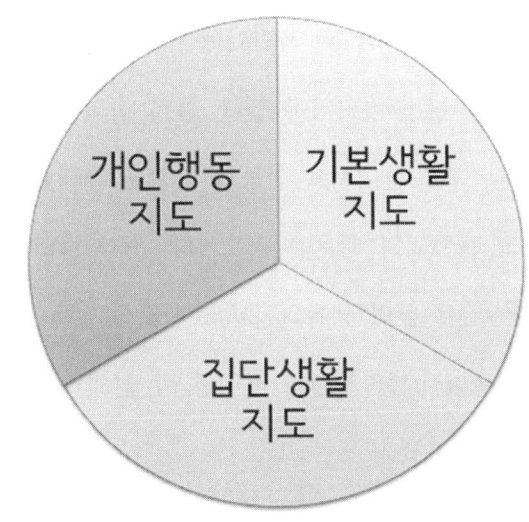

<그림> 아동을 대상으로 하는 생활지도에서 다루는 내용

(1) 기본생활습관 지도

생활습관이란 출생 후부터 지속적으로 생활 속에서 익혀가면서 행하는 특정한 행동과 사고를 말한다. 이러한 습관은 주변 환경에 적응해가는 과정에서 아동의 행동이 반복, 누적되어 가면서 자리잡게 된다. 영유아기가 중요한 시기인 이유는, 어린 시기에 형성된 습관이 그 이후에는 쉽게 변하지 않는 경향이 강하기 때문이다.

생활지도를 통해 형성된 가치관, 태도 등은 아동의 현재는 물론 미래의 생활에 계속적으로 영향을 준다. 이 중 기본생활습관이란 인간이 생활을 영위하는 데 있어서 필수적으로 하게 되는 행위들, 즉 식습관이나 청결유지(자신과 주변환경 포함), 수면과 배변 등의 행동을 포함하는데, 바로 이러한 내용이 어린 아동들의 생활에서는 연령이 어릴수록 큰 비중을 차지하게 된다.

올바른 기본생활습관은 성격 형성 및 사회화에 매우 긍정적인 영향을 미치는 것으로, 영유아기 초기부터 잘 형성되어야 한다. 특히 이러한 기본생활습관은 영유아기에 몸에 익혀야 할 태도 중에서도 아동의 건강을 유지함과 동시에 자립심과 독립심을 기르는 것과 관련되기 때문에 중요하다. 한 사람의 기본생활습관 형성이 중요한 이유는 인간다운 삶이 영유아기부터 자리잡아온 기초적 생활 태도 및 습관에서 비롯되기 때문이다. 한 사람이 배워야 할 삶의 기초적 토대는 크게 두 가지 영역으로 설명할 수 있다.

첫째, 자기 자신을 스스로 관리하는 것이다.
성장 과정에서 건강하게 형성된 습관은 건강한 신체는 물론 건강한 정서까지 함양시킨다.

둘째, 자기와 관계되는 사람과 주변의 환경을 관리하는 일이다.
삶은 관계 속에서 이루어지며, 이는 사람과의 관계, 환경과의 관계 모두를 포함한다. 건강하고 질 높은 삶을 살아가기 위해서는 영유아기에 올바른 습관을 길러주어야 하며, 이렇게 형성된 습관은 아동 개인의 차원에서도 중요하지만, 인생을 살아가며 만나는 많은 주변 사람들과의 관계 형성에도 영향을 미치게 된다.

보육현장에서의 기본생활습관 형성이 강조되는 몇 가지 이유를 제시하면 다음과 같다.

첫째, 현대 사회는 인성보다 학벌과 학력을 과대평가하는 사회풍조가 만연하여 지식교육에 비해 인성교육을 경시하고 있으며, 이는 많은 사회적 문제로 이어지고 있다. 따라서 기본적 인성과 함께 더불어 살아가기 위한 규율·규칙 등의 기본 생활 습관 교육이 필요하다.

둘째, 영유아기는 아래의 그림에서 볼 수 있듯이 기초성, 적기성, 누적성, 영속성이라는 네 가지 특성을 가진 독특한 발달의 시기이다. 이러한 이유에 근거하여 국가나 사회에서 기대하고 바람직하다고 여기는 인간상을 추구하는 데 있어서도, 그 시작점은 바로 영유아기라고 보는 관점이 우세하다. 즉, 가급적 어린 시기에 접근하는 것이 가장 효율적, 경제적이라는 것이다.

기초성	영·유아기는 인간의 모든 발달의 기초를 형성하는 시기이다.
적기성	어느 시기에나 발달이 이루어지는 것이 아니다. 가장 최적의 발달을 이룰 수 있는 결정적 시기가 있다.
누적성	영·유아의 초기 발달은 후기 발달에 영향을 준다. 발달의 과거, 현재, 미래가 서로 연관되어 있는 것이다.
영속성	인간은 수정되는 순간부터 죽을 때까지 계속적으로 발달한다.

영역	지도 내용
식사 습관	• 음식을 먹기 전에 손 씻기 • 음식을 먹기 전에 감사하는 마음 표현하기 • 음식을 기쁘고 즐거운 마음으로 먹기 • 음식을 골고루 먹기　　　　　　　• 음식을 천천히 꼭꼭 씹어서 먹기 • 적당량의 음식물 먹기　　　　　　• 입에 음식을 넣고 이야기하지 않기 • 음식을 들고 돌아다니지 않고, 자리에 앉아서 먹기 • 음식을 깨끗이 먹기 • 다른 사람이 식사를 마칠 때까지 기다리기 • 음식을 먹은 후에 자기 자리 및 그릇은 스스로 정리하기 • 음식을 먹은 후에는 이를 닦기
배변 습관	• 화장실 깨끗이 사용하기 • 화장실의 휴지를 아껴 쓰고 휴지통에 버리기 • 규칙적으로 대소변 보는 습관 기르기 • 용변 후 손 씻기　　　　　　　　• 화장실에 들어 갈 때는 노크하기
수면 습관	• 일찍 자고 일찍 일어나기　　　　　• 자기 전에 음식물 먹지 않기 • 자기 전에 대소변 보고 양치질 및 세수하기　• 벗은 옷과 침구를 스스로 정리하기
청결 습관	• 매일 아침·저녁으로 양치질하고 세수하기 • 목욕 자주 하기 • 식사 전 후나 대소변 후에 손 씻기 • 자기 물건이나 사용한 물건 정리하기 • 길이나 아무 곳에 침 뱉지 않기 • 길에 껌이나 휴지를 함부로 버리지 않고 쓰레기통에 버리기 • 공공 시설물을 깨끗이 사용하기 • 벽이나 책상에 낙서하지 않기
예절	• 부모님과 어른께 높임말과 고운말 사용하기 • 도움을 받거나 잘못했을 때 적절하게 말하기 • 외출할 때나 돌아올 때 인사하기 • 상황에 맞게 인사하기 • 자기 물건이 아닌 것은 허락받고 사용하기
안전 생활	• 교통사고 예방하기　　　　　　　• 낙상 사고 예방하기 • 화상 사고 예방하기　　　　　　　• 화재 사고 예방하기 • 감전 사고 예방하기　　　　　　　• 물놀이 사고 예방하기

<표> 기본생활습관에서 다루는 내용

(2) 집단 생활지도

아동은 가장 먼저 가정에 속해있으면서, 어린이집을 비롯한 영유아 기관의 구성원이 되며, 지역사회의 구성원으로 생활한다. 따라서 아동이 속해 있는 집단 속에서 아동에게 주어진 규칙이나 규범을 지켜나가도록 하는 것은 매우 중요하다. 집단 생활지도는 집단에 소속된 아동이 다른 사람과의 관계에서 생기는 문제를 자발적으로 해결하는 능력을 함양시키고, 집단 규칙을 이해하게 하고, 친사회적인 행동을 증진시키는 것이다.

영역	다루는 내용
집단 규칙	• 가정에서의 규칙 알고 지키기 • 어린이집에서의 놀이 규칙 알고 지키기 • 공공장소에서의 규칙 알고 지키기
갈등	• 소유 갈등 감소시키기 • 규칙 위반에 대응하기 • 침해 행동에 대처하기 • 친구의 공격성에 대응하기 • 힘겨루기 최소화하기 • 친구 놀리지 않기
친사회적 행동	• 도와주기 • 양보하기 • 기다리기 • 바르게 행동하기 • 나누어 갖기 • 협동하기 • 감정 이입하기

<표> 집단생활에서 다루는 내용

(3) 개인생활지도

개인생활지도란 영유아기에 대부분의 아동을 대상으로 이루어지는 일반적인 생활습관 지도 외에, 다소 특수한 측면을 보이는 아동을 위해 개별적으로 접근해야 하는 지도의 측면이다. 아직 성장중인 영유아 시기에 다양한 이유로 인하여 각 아동들은 개별적으로 독특한 발달을 이루어가게 된다. 앞서 살펴본 아동의 기질, 부모와의 애착, 가족 구조, 기관의 특성 외에도 기타 많은 요인들이 있을 수 있다.

개인생활지도에 해당되는 내용들은 어린이집에서 모든 아동을 대상으로 실시하지는 않지만, 다수의 아동을 담당하는 교사로서 각 아동에게 나타날 수 있는 개인생활지도의 내용을 아는 것은 중요하다. 여기에서는 치료나 집중적 상담을 요하는 행동에 초점을 두기보다는 아동보육의 현장에서 흔히 다루게 되는 분리불안, 공격적 행동에 국한하여 살펴보고자 한다.

Ⅱ. 아동 행동에 대한 이해

<들어가기 전에>

아동생활지도의 내용에서 다루는 '기본생활습관', '집단생활', '개인생활'의 세 측면이 있다고 배웠다. 본인의 세 가지 측면 중 어느 한 가지를 구체적 예시로 들고, 그간의 성장 과정에서 무엇으로부터 영향을 받았는지 간단히 기록해보자.

아동의 다양한 행동이 나타나기까지 영향을 주는 요인들은 아래 그림과 같이 설명할 수 있다. 아동 자신이 현재 겪고 있는 연령별 발달의 보편 단계, 개인적 요인은 물론, 아동이 속한 가정 내 환경요인과 함께 어린이집과 같은 기관의 환경 역시 크게 영향을 미치는 외적인 요인이 된다.

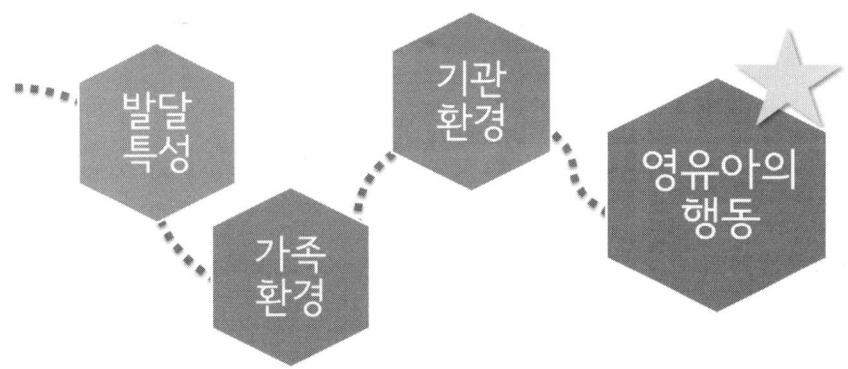

<그림> 아동 행동에 영향을 미치는 요인

1. 부적응 행동에 대한 이해

1) 부적응 행동의 동기

아동은 아직 경험이 부족한 상태에서 자신의 기본 욕구를 충족시키고자 무의식적으로 잘못된 목표를 세우는 경우가 많은데, 구체적으로 아동이 관심 끌기, 힘 행사하기, 보복하기, 무기력감 보이기의 4가지 행동 목표 하에 잘못된 행동을 한다고 보았다(Dreikurs & Soltz,1984).

<그림> 부적응 행동의 대표적 행동 4가지

(1) 관심 끌기

● 떼쓰기, 때리기, 소리 지르기, 다툼 등의 부정적인 방법을 사용해서라도 타인의 관심을 얻고자 하는 것을 말한다.

● 관심을 끌기 위하여 아동이 부정적인 방법을 사용할 때에는 반응하지 않고 긍정적인 반응을 할 때 관심을 보여 주는 것이 좋다.

(2) 힘 행사하기

● 아동이 자신을 중요한 존재로 인식하기 위해 본인의 힘을 행사하고자 하는 심리에서 비롯된다. 아동이 이러한 힘겨루기 행동을 보일 때 교사는 이들에게 선택권을 줌으로써 일부의 욕구 충족이 일어나도록 돕고, 동시에 제한이 함께 이루어지도록 할 수 있다.
● 금지된 행동을 알려주기보다는 '할 수 있는' 행동이 무엇인지를 알려주어 아동이 아동의 관심을 다른 곳으로 향할 수 있도록 지도하며, 안전이 위험한 상황이 아니라면 아동 자신이 선택한 결과를 그대로 경험할 수 있게 하는 것이 좋다.

(3) 보복하기

● 일반적인 행동으로는 성인의 관심을 끌지도 못하고 성인을 이기지도 못한다고 판단을 하게 되면 보복 행동으로써 자신의 존재를 알리는 경우이다.
● 자신이 평소에 집단 내에서 소속감을 느끼지 못하여 스스로 가치 없는 존재라고 느끼는 아동은 타인을 괴롭힐 때에만 자신이 가치 있다고 생각하는 잘못된 행동목표를 세우게 되는 것이다.
● 이 때 교사를 비롯한 주변의 성인들이 아동과 유사한 방식으로 앙갚음을 한다거나 아동의 행동으로 인해 마음의 상처를 받았음을 표현하는 것은 바람직하지 않다.

(4) 무기력함 보이기

- 자신이 무능력하며 부적절한 존재라는 것을 보여 줌으로써 자신의 위치와 지위를 확보하려 한다. 이 경우, 아동의 행동이 변화되기까지 다른 행동들에 비해 시간이 많이 소요되며 쉽게 고쳐지지 않는 특성을 보인다.

2. 영유아기 발달 특성에 대한 이해

1) 영아기

(1) 영아기의 발달 요약 및 생활지도 방향

- 영아 초기 생활지도의 핵심은 영아에게 구조화된 하루 일과를 제공하고 영아의 욕구를 민감하게 인식하며 융통적으로 반응하는 것이다.
- 영아는 자율적인 기능을 조절하고 다음에 일어날 일을 예측함으로써 안정감을 느끼기 때문에, 하루의 일과는 되도록 규칙적으로 진행되어야 한다.
- 아직은 신체 및 언어능력이 제한적이므로, 주로 울음으로 자신의 욕구를 표현하며, 이것은 자연스러운 현상이다.
- 교사나 부모는 영아가 신뢰감을 형성하도록 도와야 한다.
- 기기나 걷기 등 이동능력이 발달하면서 영아는 환경을 적극적으로 탐색한다.

● 영아가 안전한 가운데 충분히 탐색하고 놀이할 수 있는 공간을 구성해주도록 한다. 이와 함께 일관된 한계 설정도 필요하다.

● 점차 수용 및 표현언어가 발달해가면서 성인의 말을 이해하는 능력은 증가하지만, 교사가 말하는 규칙이나 설명이 길고 영아의 인지 수준에 적합하지 않다면 이해하지 못할 수도 있다.

● 걸음마기 유아는 언어적으로 금지하거나 지시하는 것만으로는 행동을 조절할 수 없기 때문에 바람직하지 않은 행동이 나타났을 때, 영아의 인식이나 활동을 전환시키는 방법을 쓰는 것이 적절하다.

● 영아에게 스스로 선택하고 결정할 기회를 줌으로써 자신의 독립심에 대해 자신감을 갖도록 도와주어야 한다.

● 연령에 적합한 휴식과 영양 섭취를 제공하지 않을 때 새로운 과업을 수행하기 어려울 수 있다.

● 각 발달시기별로 영아의 신체능력이 다르고 대근육 활동에 대한 욕구가 강하므로 활동을 계획할 때 신체적 움직임에 대한 영아의 욕구, 주의집중시간 등을 고려해야 한다.

(2) 영아기 부모 및 양육자의 역할

● 영아기에는 어머니와 영아 간 상호작용의 질이 매우 중요하다.

● 부모는 일관성 있는 태도로 안아주고 이야기를 걸어주며 웃어주고 영아에게 사랑을 표현해야 한다.

● 이 시기에는 양육 신뢰감 형성 상호성 발달 학습경험 제공 등 중요한 부모역

할이 이루어져야 한다.

- 이 시기에는 영아 스스로 기본적 욕구를 해결할 수 없다. 따라서 부모가 양육자로서 영아가 살아가는 데 필요한 모든 것을 해결해 주어야 한다.
- 영아가 걷기 시작하면 위험한 장소나 물건에 의해 안전사고가 발생하지 않도록 유의한다.
- 이 시기에는 양육자와 상호작용이 빈번히 일어나므로 양육자는 양보다 질적인 면이 강조되어야 한다.
- 영아는 모든 것을 부모에게 의존하기 때문에 부모는 영아에게 부단한 관심을 가져야 한다.
- 생후 약 1년 간은 급성장이 이루어지는 시기로 영양 공급이 필수적이며 가급적이면 모유로 이루어져야 한다.
- 부모의 역할이 어려운 경우 조부모, 친척, 형제, 보육교사의 도움을 받을 수 있다.
- 이 시기에는 영양 공급뿐만 아니라 적절한 체온 유지, 질병 예방 등에 주력해야 한다.

① 기본적인 신뢰감(basic trust)의 형성

- 영아를 돌봐 주는 사람이 영아의 기본적인 욕구를 일관성 있고 민감하게 충족시켜 줄 때 신뢰감이 형성된다.
- 영아를 양육하는 사람은 영아가 불편함을 느낄 때, 그 원인을 빨리 제거해 주고 일관성 있게 사랑, 관심, 놀이, 스킨십 등을 통해 영아의 욕구를 충족시켜

주어야 한다.

● 양육자가 일관성 없고 부적절한 행동으로 영아를 돌보면 영아는 세상에 대한 두려움과 불신감을 갖게 된다.

● 영아는 자신의 의사를 전달하는 수단으로 울음을 이용한다.

- 따라서 부모는 영아의 우는 행위를 통해서 영아가 전달하고자 하는 내용을 알아야 한다.

● 영아가 양육자에 대한 신뢰감이 형성되면 사물이나 사건의 구체적인 상황에서 해석하고 의미를 부여할 수 있는 예측능력이 발달한다.

② **상호성(reciprocity)의 발달**

● 부모는 영아의 최초 상호작용자로서 긍정적이든 부정적이든 서로 자극을 주고받는다.

● 영아는 부모에게 울음, 미소 옹알이 등을 통하여 자신을 표현하고 이에 대한 부모의 민감하고 적절한 반응을 통하여 영아는 다음과 같은 사실을 깨닫게 된다.

- 생후 6개월 동안 엄마를 비롯한 주양육자와의 상호작용을 통하여 영아는 자신이 다른 사람과 분리된 존재임을 안다.

- 상호작용을 통하여 주양육자와 다른 사람의 행동이 다르다는 것을 안다.

- 주양육자와의 상호작용을 통하여 자신이 다른 사람에게 영향을 줄 수 있음을 알게 된다.

- 주양육자와 영아는 쌍방향으로 서로 단서와 신호를 보내면서 그 의미를 해석하는 방법을 익힌다.(예: Baby Signs)

③ **발달에 적합한 학습경험 제공**

● 부모를 포함한 주양육자는 영아기 후반부터 발달에 적절한 학습경험과 인지적 자극을 제공해주어야 한다.
- 영아는 부모가 제시해주는 자극의 종류와 양에 따라 호기심의 발달이 이루어지며, 인지적으로 영향을 받는다.
● 영아기에 학습되는 능력은 다음과 같다.

능력	내 용
자조능력	- 스스로 먹을 수 있고 배변과 뒷처리를 하며, 자기 힘으로 옷을 입고 벗을 수 있는 능력 - 영아기 후반부터 발달에 적합한 배변 훈련을 실시하여 스스로 변의를 표현하고 긍정적 정서를 느낄 수 있는 기회를 주고 격려해줌. 아동 혼자 옷 입어보는 연습을 통하여 눈과 손의 협응 및 소근육 발달의 기회를 제공해 줌.
자율성	- 부모에게 완전히 의존하던 이전의 상태에서 벗어나서 온전한 개체로서 독립하고자 하는 욕구와 능력 - 자녀의 자율성 증진을 위해서는 부모가 영아의 요구를 인정해줌과 동시에, 지나친 제한을 두지 않으며, 허용된 범위 내에서는 자유를 제공해주면서 일관성 있게 대하는 것이 필요함.

<표> 영유아기에 획득되는 자조능력과 자율성

Freud's stages \ Erikson's stages	1	2	3	4	5	6	7	8
Oral	Basic trust vs. mistrust							
Anal		Autonomy vs. shame, doubt						
Phallic			Initiative vs. guilt					
Latency				Industry vs. inferiority				
Genital					Identity vs. role confusion			
Young adulthood						Intimacy vs. isolation		
Adulthood							Generativity vs. stagnation	
Maturity								Ego integrity vs. despair

<그림> 프로이드와 에릭슨의 발달 단계 (출처: Google)

2) 유아기

(1) 영아기의 발달 요약 및 생활지도 방향

● 자신이 실수한 행동에 대해 죄책감을 느끼거나 본인의 힘과 능력을 검증하는 과정을 반복해가며 주도성을 학습해간다.
● 경쟁에 예민해하며 자신이 지는 상황을 받아들이기 어려워하며 모든 것에서 이기고 싶어하는 경향을 보인다.
● 교사는 아동이 성취감을 느껴볼 수 있도록 다양하고 적절한 기회를 제공해주어야 한다.
● 소근육 협응능력의 경우, 발달하는 데 시간이 많이 걸리는 경우가 많은데, 유아의 현재 발달 수준보다 더 잘하도록 압력을 가하거나 개인차를 고려하지 않고

교사가 기대하거나 요구한다면 유아는 좌절감이나 실패감을 경험함과 동시에 부적응 행동을 보일 수 있다

● 또래관계에 대한 관심이 증가하고 또래에게 소속감을 느끼고자 하는 욕구가 증가하는데, 아직은 사회적 기술이 부족하고 자기중심적 사고의 특징으로 인해 또래 갈등이 빈번하게 발생한다. 따라서 교사의 도움 필요해진다.

● 영유아기를 거치며 자기조절능력이 향상되고, 한계나 규칙을 이해하고 수용하며, 교사나 또래의 인정을 받을 수 있는 적절한 행동방식도 알게 된다. 아직 규칙을 내면화하는 것에는 어려움이 있으므로 교사는 좋은 행동 모델을 제공해야 한다.

(2) 유아기 부모 및 양육자의 역할

이 시기 아동은 표상능력이 발달함에 따라 실제의 사물을 다른 것으로 대체하여 표현할 수 있게 된다. 언어와 사고의 발달이 이루어지면서, 기본적인 대화가 가능해지지만 아직은 논리적이지 않으며 자기중심성이 강하게 남아있기 때문에 부모는 자녀의 양육에 있어 어려움을 느끼는 시기이다.

● **양육과 훈육의 관계**
- 기반으로 자녀가 현재의 상태에서 점차 더 성장할 수 있도록 도움을 주며 보호해주는 행위를 의미한다.
- 부모를 비롯한 주양육자는 이를 위하여 기본적인 의식주 및 안전하게 보호하는 행위 외에도 자녀가 건강하고 바람직한 성장을 이룰 수 있도록 상황에 적합한 훈육과 안정적인 분위기를 제공해주어야 한다.

● **자아개념 형성의 시기**

- 영유아기는 환경(주변 성인 및 또래)과의 상호작용 속에서 자신이 온전한 하나의 개체임을 깨닫고 자아개념을 서서히 발달시켜가는 시기이다. 따라서 이 시기에는 긍정적이고 확실한 자아개념이 형성되도록 아동을 온정적으로 대하고 수용하는 태도가 필요하다.
- 관련 연구들에 따르면, 자아개념이 잘 형성된 아동은 학업성취가 높고 스스로 행복감을 느끼며 우울이나 불안을 덜 느끼는 것으로 알려져 있다.

● **주도성 발달**

- 주도성이란 유아가 계획을 세우고, 목표를 설정하며 이를 달성하고자 하는 노력하는 것을 의미한다.
- 부모가 자녀에게 주도권을 주어 스스로의 의지로 행동하며 그 결과를 체험할 기회를 제공해주고, 격려하고 도와줄 때 주도성은 현저하게 발달될 수 있다.
- 아동 자신이 안전하다고 느끼며, 그 안에서 새로운 경험을 해 볼 수 있도록 환경을 조성하는 역할을 해주는 것이 바람직하다. 그러나 반대로 부모가 자녀의 호기심이나 탐색행동을 제지하고 질문 받는 것을 귀찮아하면 아동은 죄의식을 느끼게 된다.

● **학습경험 제공**

- 아동은 환경(인적, 물리적)과의 상호작용을 통해 학습한다.
- 아동의 인지발달을 돕기 위해 다양한 학습의 기회와 환경을 제공해준다.
- 부모 및 교사는 아동의 호기심을 자극함과 동시에 아동의 경험이 확장되도록 풍부한 자료 및 환경을 조성해 주어야 한다.

- 놀잇감은 아동의 발달에 다양한 자극을 제시해주는 자료로 가치가 있다. 그러나 모든 놀잇감이 유익하다고 볼 수는 없기 때문에, 성인이 이것을 점검하여 제시해 줄 필요가 있다. 놀잇감은 아동의 발달수준에 맞고 호기심을 유발할 수 있는 것으로 개방성, 내구성, 안전성을 갖춘 것으로 선정한다.

<발달에 적합한 생활지도에 대한 이해>

발달에 적합한 실제
- NAEYC: 영유아기의 생활지도는 발달에 적합해야 한다.
- 발달의 적합성(developmental appropriateness) 이란,
- 연령의 적합성(age appropriateness) (individual 과
- 개인의 적합성 appropriateness)의 두 차원을 모두 고려한 것을 의미한다.

구분	의미
연령의 적합성	- 아동의 생활지도에서 발달수준, 흥미와 욕구 등을 고려해야 함을 의미한다. - 아동의 성장과 발달은 대체로 예측 가능한 순서에 따라 이루어지므로 신체, 인지, 정서, 사회성 등 전인발달의 영역에서 각 아동의 수준에 적합하면서 해당 연령대 아동들의 대체적인 흥미, 욕구수준에 알맞은 생활지도가 이루어져야 한다는 것을 말한다.
개인의 적합성	- 개별 아동은 성격, 신체조건, 인지 및 언어능력, 가족배경 등이 서로 다르다. 아울러, 학습형태와 성장속도가 각기 다른 독특성을 보이기 때문에, 위에서 언급한 연령 적합성 외에도 아동 개인의 특성을 고려한 아동 생활지도가 이루어져야 한다는 의미이다.

<표> 연령의 적합성과 개인의 적합성

3) 기질

동일한 환경에서도 어떤 유아는 비교적 즐겁고 행복하게 보내는 반면, 다른 유아는 많이 울거나 보챈다. 또 어떤 유아는 조용하고 행동이 느린 반면, 어떤 유아는 활기차고 민첩하다. 이러한 차이는 기질로 설명될 수 있는데, 기질(temperament)이란 신생아 시기부터 개별 영아들 혹은 모든 개인에게서 독특하게 나타나는 정서 표현의 뚜렷한 개인차를 말한다.

- 기질(temperament)이란 환경 자극에 대한 정서반응의 질과 강도에 안정적으로 나타나는 개인차(Goldsmith et al., 1987)를 의미한다.
- 기질은 특히 아동의 정서조절발달과 밀접하게 관련되기 때문에 정서를 표현하고 자극에 적절하게 반응하는 방법에 어려움을 경험하는 아동을 이해하는 데에 도움이 된다.
- 교사가 아동의 기질을 파악한다면 아동의 개인차를 쉽게 수용할 수 있게 되며, 개별 아동이 발달과업을 완수하면서 겪을 수 있는 어려움을 미리 예측하여 지도할 수도 있고, 개별 아동에 적합한 지도방안을 마련할 수도 있다.

기질	행동특성
순한 아이 (easy child)	규칙적인 식사, 수면 및 배변 습관을 갖고 있고, 긍정적 정서 상태일 때가 많으며 사람들 에게도 따뜻하게 접근하고 새로운 경험에 잘 적응한다.

까다로운 아이 (difficult child)	불규칙한 식사나 수면 습관을 갖고 있고, 조금만 불편해도 강하게 반응하며, 부정적 정서 상태가 많고, 사람들을 피하는 경향이 있으며, 새로운 상황에 적응하는 데 시간이 많이 필요하다.
반응이 느린 아이 (slow to warm up child)	새로운 상황을 접할 때 늘 불안이나 거북함을 보이나, 정서 표현은 격렬하지 않고, 적응 하는 데 시간이 걸리지만, 서서히 적응하게 된다.

<표> 토마스와 체스의 세가지 기질 유형별 특성

* 조화의 적합성 개념(Goodness od Fit)이란? ☞ 간단히 요약하고 기억하기

아동의 기질과 부모의 양육 태도는 상호 영향을 미치며 양육 행동을 이끌게 된다. 즉, 까다로운 아동의 부모들 중에는 아동의 반응에 화를 내며, 그 때문에 좌절하고 우울하게 되어 아동에게 부정적으로 반응하는 경우가 있다.

반면 어떤 부모는 까다로운 아동을 씩씩하고 자기 주장을 잘 하는 것이라고 판단해서, 긍정적이고 활동적인 성향으로 대하기도 한다. 순한 아동은 흔히 부모에게서 웃음, 애정 등의 긍정적 반응을 이끌어내지만, 다루기 쉽고 많은 요구를 하지 않기 때문에 아동을 혼자 내버려 두거나 무시하는 등 상호작용을 해주지 않아 방임되기도 한다. 또 반응이 느린 아동에 대해 양육자가 적극적으로 개입해 주면, 아동의 반응은 점차 빨라지고 환경에 잘 적응할 수도 있다.

이처럼 아동의 기질은 양육자의 특성과 상호작용하여 이후의 성격과 행동에 영

향을 미치게 된다. 따라서 양육자는 아동의 기질적 특성을 이해하고, 아동의 개별 특성에 민감하고 융통성 있게 대처해서 아동이 잘 적응할 수 있도록 돕는 양육 환경을 마련해야 한다.

3. 가족 환경 특성에 대한 이해

1) 부모의 양육방식

부모의 양육태도나 양육방법은 부모가 자녀에게 얼마나 애정적이고 민감한 반응을 보이는지, 그리고 올바른 행동을 할 수 있도록 한계 설정(통제)을 하는지에 따라 네 가지 유형으로 구분할 수 있다.

부모의 양육태도는 출생에서부터 지속적으로 자녀의 성장과 발달에 지대한 영향을 미친다. 양육태도는 부모 또는 양육자가 자녀를 양육함에 있어 일반적 혹은 보편적으로 나타내는 행동을 의미한다. 자녀의 행동 특성은 부모가 어떻게, 어떤 태도로 키웠느냐에 따라 다르게 나타날 수 있다. 부모의 양육태도는 한 번 형성되면 오래 지속되므로 가족관계에도 중요한 영향을 미친다. 애정 대 적대, 자율 대 통제의 차원으로 제시될 수도 있고, 독재적 유형, 허용적 유형, 권위 있는 유형 등으로 분류되기도 하는데, 이러한 학자마다의 다양한 분류들을 종합해 보면 크게 네 가지인 민주적 유형, 허용적 유형, 방임적 유형, 독재적 유형으로 구분할 수 있다.

이 중 민주적 유형의 양육 방법이 일관되게 긍정적인 사회·정서적 발달을 가져오는데, 그 이유는 첫째, 민주적 유형의 부모는 따뜻하고 수용적이어서 아동에게 부모의 관심과 애정이 전달됨으로써 부모의 지시를 따르고자 하는 동기를 제공하게 되기 때문이다. 둘째, 융통성 없는 기준을 제시해서 아동을 지배하는 독재적 유형의 부모와는 달리 합리적 방법으로 아동을 통제하고, 아동의 견해를 고려하면서 부모의 생각을 정성껏 설명한다. 허용적인 부모의 경우, 아동의 요구가 정당하다고 판단할 경우 대부분 받아줌으로 인하여 반항보다는 순응하는 태도를 갖게 한다. 그리고 민주적 유형의 부모는 자신들의 요구를 아동의 수준과 아동이 자신의 행동을 통제할 수 있는 능력에 맞춰 양육한다.

부모 양육 유형	특성	아동의 사회적 행동
민주적 유형 (Authoritative, 애정-자율적 태도)	• 자녀에게 자율적·민주적·수용적·협동적인 태도를 보인다. • 자녀에게 관심을 갖고 대화를 나눈다. • 자녀를 존중하여 부모 독단적 의사결정을 피한다.	• 독립적이고 사회적으로 유능하다. • 자기통제적인 동시에 긍정적 자아 개념을 가지고 있다.
허용적 유형 (Permissive, 애정-통제적 태도)	• 애정을 주면서 동시에 자녀 행동에 제약을 많이 하는데, 지나치게 허용적이거나 의존성을 조장한다. • 자녀를 소유물로 생각하여 자녀가 독립적 행동을 하면 좌절감을 느끼고 새로운 탐색을 제한한다.	• 충동적이고 공격적이며 책임감이 부족한 경향이 있다.
방임적 유형 (Indifferent, 거부-자율적 태도)	• 애정으로 자녀를 수용하지 않는다. • 자녀 마음대로 행동하도록 방임하는 태도로, 부모 역할을 수행하지 않는다.	• 적대적·공격적이며 부정적 자아 개념을 형성한다. • 자신의 행동을 조절하지 못하는 불안한 정서를 나타낸다.

독재적 유형 (Authoritarian, 거부-통제적 태도)	• 애정으로 자녀를 수용하지 않는다. • 신체적이나 심리적 처벌을 가하면서 권위적·독재적 요구, 반복적·거부적 태도를 나타낸다. • 부모의 요구와 자녀의 욕구 사이에 간격이 커짐으로 인하여 자녀는 불만이 많고 부모를 불신한다.	• 사회적 능력과 자발성이 부족하고 냉담하다. • 부정적 자아 개념을 형성한다.

<표> 부모의 양육유형과 아동의 사회적 행동

2) 애착

애착이란 '아동이 주양육자와 형성하는 친밀한 정서적 유대감'으로 정의된다. 이러한 애착관계는 아동의 사회성발달에 기초가 되며, 이후 사회정서적 발달에 영향을 주는 중요한 요인으로 밝혀져왔다.

(1) 로렌츠의 각인 실험과 애착의 발견

로렌츠는 자연환경에서만 동물을 제대로 이해할 수 있다는 가정 하에 자연관찰을 통해 동물의 고유한 행동 유형을 관찰하는 연구방법을 제안하였다.

● 로렌츠의 각인 실험
- 한 거위가 낳은 알을 두 집단으로 나누어, 한 집단의 알은 어미 거위가 부화하게 하고, 다른 집단의 알은 로렌츠 자신이 부화시켰다.
- 그 결과, 로렌츠가 부화시킨 알에서 깨어난 거위들은 그를 어미처럼 졸졸 따라다니는 것이 관찰되었다.

- 새끼 거위의 어미 거위에 대한 추종 행동을 '각인'이라는 행동으로 명명하였다.

● 각인은 생존가능성을 증진시키는 행동으로서 다음과 같은 기능을 한다.

- 새끼 거위가 부화된 직후부터 어미를 따라다니며 어미 곁에 가까이 있음으로써, 먹이를 얻을 수 있고 위험으로부터 보호받을 수 있다.
- 이 기간 동안 어미가 없으면 어미를 닮은 대상에 각인이 일어날 수 있다.

● 각인은 태어나서 처음 접하는 물체에 애착을 형성하는 선천적 학습을 일컫는 말이다.

- 로렌츠에 따르면 각인현상은 생애 초기, 즉 어떤 행동이 결정되는 시기에 형성되어 그 이후에는 지울 수 없는 행동으로 연결되는 강력한 작용을 한다.

● 동물행동학적 이론은 진화론적 관점에서 동물과 인간의 행동을 연구하는 학문인데 이는 인간발달에 있어서 생물학적 역할을 강조한다.

- 동물행동학자들은 다양한 종 특유의 행동들이 생의 생존 가능성을 높이기 위해 진화되어 온 것으로 간주한다.
- 동물행동학의 기본 가정은 모든 종은 진화의 산물이며, 생물학적으로 프로그램화된 생존기제 행동을 가지고 태어난다고 한다.

> 예) 많은 종류의 새들은 어미 새를 따라다니고 보금자리를 짓고 노래하는 등의 본능적 행동을 가지고 태어나는데, 생물학적으로 프로그램화된 이러한 행동은 다윈의 적자생존 과정에 의해 진화된 것으로 본다.

- 진화과정에서 이러한 적응적인 행동 유전인자를 가진 새들은 그렇지 못한 새

들에 비해 살아날 확률이 높고, 결과적으로 그러한 유전인자를 자손에게 전할 확률 또한 높다는 것을 의미한다.

- 각인연구에 의하여 알려진 것은, 이러한 현상이 그 종에서만 특별하게 나타나는 것이며 결정적 시기에 일어난다는 사실이다. 즉, 각인이란 어린 동물이 태어나 얼마 안 되는 짧은 시간 동안 특정 대상에게 노출되어 따르게 될 때, 그 대상에게 애착을 가지게 되는 현상인데, 그 '짧은 시간'이 바로 결정적 시기에 해당된다. 또한 이 시기를 놓칠 경우, 애착이 형성되지 않는다.

> 예) 병아리와 오리의 결정적 시기는 부화 후 36시간 가량이며, 부화 후 13시간에서 16시간 사이가 가장 민감하다.

- 로렌츠에 의하면 이렇게 각인이 일어나는 대상의 종류, 범위 등이 종에 따라서 모두 다르다고 하였고, 아동발달에 그간 널리 적용되어왔던 '결정적 시기'의 개념에 기초를 제공해주었다.
- 거위와 같은 종에게 나타나는 각인과 마찬가지로, 인간 역시 생애 초기에 적응을 위한 특정 행동을 습득할 수 있도록 생물학적으로 준비가 되어있는데 그것이 양육자와 형성하는 초기 애착에 해당한다. 인간의 경우, 특히 신생아 시기에 절대적인 보호가 필요한 존재이므로, 초기 애착을 잘 형성하기 위해서는 적절한 환경적 요건이 갖추어져야 한다.

<그림> 로렌츠로부터 영향을 받은 보울비의 이론

(2) 보울비(Bowlby) 이론의 적용

- 보울비는 제2차 세계대전 이후 고아원에 맡겨진 어린 아동들이 성장하는 과정에서 사회정서적 문제를 공통적으로 보이는 현상을 발견하였다.
- 이는 생애 초기에 어머니로 대표되는 주양육자와의 확실한 애착관계를 형성할 기회를 갖지 못했기 때문일 것이라고 해석하였다
- 아동이 출생 후 본인을 돌보고 양육하여 주는 사람과 정서적으로 강한 유대를 맺는 것이 생존에 있어 중요한데, 이것이 바로 '애착'에 해당한다.

● 보울비에 의하면, 영아는 생존이 위태롭다고 느낄 때 주양육자의 보호를 받아야 하는데 이러한 동기에 따라 애착행동들이 나타난다고 보았다. 즉, 영아가 자기보호의 본능과 필요에 따라 부모 혹은 양육자를 가까이 오게 만드는 울음, 몸짓, 미소 등의 신호를 발달시켰을 것이라고 생각하였다.

● 이러한 측면에서 본다면, 아기들의 울음은 양육자의 주의를 집중시킬 수 있도록 생물학적으로 프로그램화된 '신호'라고 할 수 있다.

<아기 울음의 적응적인 요소>
- 첫째, 아기의 기본욕구 배고픔 목마름 안전 등이 충족된다.
- 둘째, 아기가 애착관계를 형성하는 데 필요한 충분한 접촉을 할 수 있게 한다.

● 보울비는 이러한 애착행동을 두 가지로 나누어 실행반응과 신호반응이라는 체계로 분류하였다.

- 실행반응: 아동이 스스로 양육자에게 적극적으로 접근하는 것으로, 따라다니기, 매달리기 등 신체적 접근행동을 하는 것을 의미한다.

- 신호반응: 미소 짓기, 울기, 부르기 등으로 양육자를 자신의 가까이에 오도록 하는 것이다.

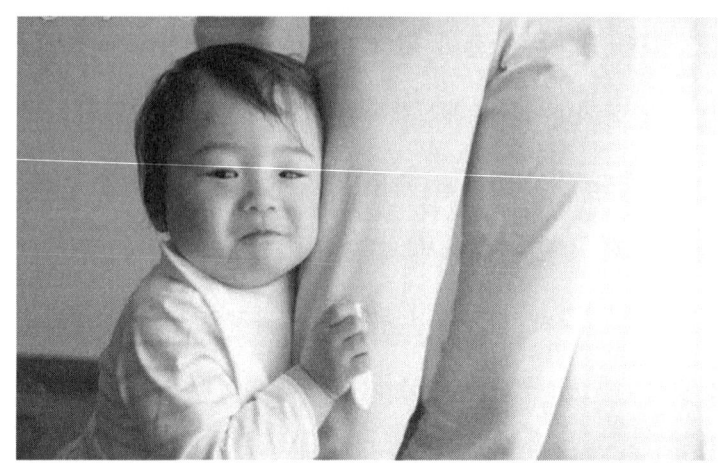

<사진> 아기의 매달리는 행동

(3) 부모-자녀 간 애착의 유형

에인스워스(Mary Ainsworth)는 애착의 기본 개념에서 나아가, '애착의 질'에 관심을 가지고 그 유형을 분류하고자 하였다.

이를 위해 고안해낸 것이 낯선상황실험(Strange Situation)이며, 애착이라는 추상적 개념을 구체화하는 데 큰 기여를 하였다.

그녀의 실험은 이후 오늘날까지도 양육자-영아 간의 애착 유형을 살펴보기 위하여 가장 많이 사용되고 있다.

영아기부터 주 양육자와의 애착 관계 형성은 영아가 성장하면서 정서·사회 발달에 중요한 작용을 한다. 영아는 주 양육자와의 애착을 형성하게 되면 그 사람과 있을 때 기쁨을 느끼고, 불안한 상황에서는 그 사람으로 인해 위안을 받는다.

안정된 애착을 형성한 영아의 어머니는 아기의 신호에 빨리 반응하고, 적절한 도움을 주는 등 민감한 상호작용을 한다. 반대로, 불안정 혹은 회피 애착의 어머니는 화를 잘 내며, 아기와의 스킨십을 피하고 본인의 감정을 표현하는 것에서도 어려움을 갖는 것으로 나타났다.

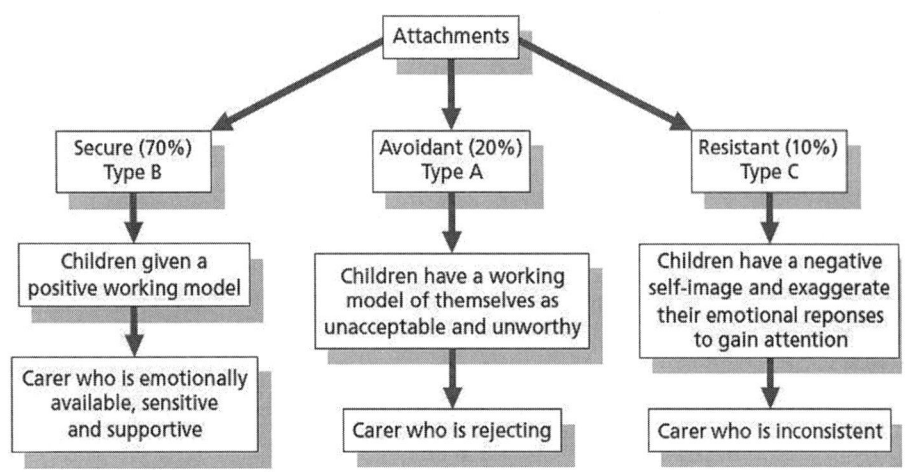

<그림> 에인스워스의 애착유형 분류

안정 애착 (60~65%)	• 아동은 엄마와의 접촉을 통해 안도감을 느끼고 엄마가 곁에 있음을 알면 편안하게 주변을 적극적으로 탐색한다. • 아동은 엄마가 나가려고 하면 당황하고, 엄마가 돌아오면 반갑게 맞이한다. 낯선 사람보다는 엄마를 더 좋아 한다. • 안정 애착 관계인 엄마는 아동의 정서적 신호에 민감하게 반응할 줄 안다. • 엄마는 아동이 불안해 할 때, 금방 달랠 수 있으며 스스로 주변을 탐색할 수 있도록 충분히 허용해 주는 태도를 보인다.

불안정 회피 애착 (약 20%)	• 아동이 엄마와 가까이 있음에도 주변을 적극 탐색하거나 놀이하지 못하며, 분리되었을 때도 크게 힘들어하지 않는다. • 아동은 엄마의 접촉을 거부하지는 않지만, 안겨 있어도 애정적인 표현이나 스킨십을 하지 않는다. 낯선 사람과 엄마를 동등하게 취급한다. • 아동은 안기는 것을 좋아하지 않으며 버둥거리며 내려놔도 반응이 없다. 아동은 엄마와의 분리 스트레스를 차라리 무관심이나 회피반응으로 나타낸다. • 엄마는 아기의 요구에 무감각하며 정서에 민감하게 반응하지 못한다. • 엄마는 아동에게 부정적인 감정을 자주 표현하며, 아기와의 신체 접촉이 적고 화가 나 있거나 초조, 거부하듯이 아기를 다룬다.
불안정 저항 애착 (10~15%)	• 아동은 엄마에게 가까이 있으려고 하고 엄마와 분리될 때 매우 심한 불안을 격렬한 행동(화내기, 울기, 발로 차기, 바닥에서 발버둥치기)으로 나타낸다. • 아동은 엄마가 돌아오면 화를 내고 저항하며 쉽게 달래지지 않으며, 놀지도 않고 엄마를 괴롭힌다. • 아동은 화를 많이 내고 공격적인 태도를 보이며 낯선 사람의 접촉도 거부한다. • 엄마는 아동 요구에 무감각하고 아기를 다루는 방식이 어색하지만 화가 나 있거나 아기를 거부하는 느낌은 없다. • 엄마는 자신의 기분에 따라 애정적인 모습을 보이다가도 무관심하거나 거부하는 등 비일관적인 태도를 보이기 때문에, 아동은 편안한 정서를 갖지 못하고 반대로 분노와 공격적 행동 등을 보이며 엄마를 밀쳐낸다..

<표> 애착 유형에 따른 행동의 특성

3) 가족구조

가족의 구조는 가족이 속한 사회의 문화와 변화를 반영하는 체계이다. 다시 말해 사회가 변화하면 가족관계 또한 다양한 변화 양상을 초래하게 된다. 미혼모의 증가와 이혼율·재혼율의 증가, 여성의 취업률 증가 등의 변화로 인해 현대 가족 형태는 과거보다 상당히 다양해졌다. 즉 이혼, 재혼으로 인한 모자 가족, 부자 가족이나 양부 혹은 양모 가족, 조손 가족 등 다양한 가족 형태뿐 아니라, 다문화 가족도 주변에서 쉽게 볼 수 있다.

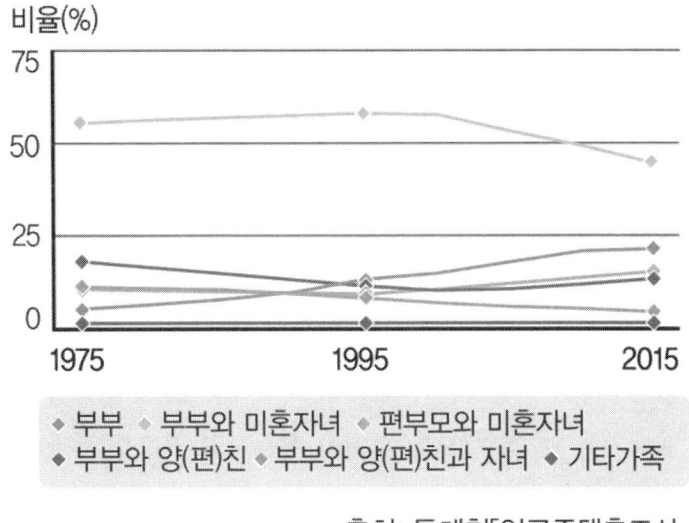

출처: 통계청「인구주택총조사」

이러한 가족관계의 변화는 부모-자녀 상호 작용의 양과 질에 영향을 미칠 수 있다. 예를 들면, 부모가 별거, 이혼, 사별 등의 문제에 직면할 때 자신의 심리적 고통으로 인해 자녀의 요구에 둔감하고 합리적이지 못한 양육태도를 보일 수 있다. 이유를 잘 모른 채 부모와 떨어지게 된 자녀 역시 안정감이 없어질 수 있다. 이러한 위기는 유아의 정서적 불안정과 문제 행동 그리고 부모의 불합리한 양육 방법이 상호작용하여 서로를 불행하게 만드는 악순환으로 연결될 수 있다.

또한, 시간이 지나 어떤 형태로든 가족관계가 안정된다 하여도 이러한 경험은 이후 부정적 영향을 미칠 수 있다. 반면 부모의 이혼으로 한부모 밑에서 자라기는 하나 안정된 분위기에서 자랐을 경우 갈등이 계속되는 부모 밑에서 자란 유아의 경우보다 더 잘 적응할 수도 있다.

위와 같은 측면을 고려하여 아동 개인이 속한 가족관계에서의 역동성을 고려하여 개별적인 생활지도가 이루어져야 할 것이다.

4. 기관 특성에 대한 이해

1) 기관에서 부적응 행동의 원인

[교육기관의 영향]
- 어린이집은 아동이 가정을 떠나 최초로 경험하는 사회적 공간에 해당한다.
- 처음 사회화의 과정을 겪게 되면서, 이 때 아동이 느끼는 성공감과 정서적 안정감은 이후 살아가는 데 꼭 필요한 사회적 유능성의 기초를 제공해 준다.

(1) 물리적 환경

① 기관의 크기
- 많은 아동들이 생활하는 기관의 물리적 환경은 이들의 행동에 영향을 미치는데, 규모가 큰 기관에 속한 교사의 경우, 자신의 교육방식을 공식화하고 생활규칙을 매우 강조하며 통제적이면서 구속적인 교수방법을 사용하는 경향이 높다.

- 아동수가 적은 어린이집은 다음과 같은 특징을 보인다.
- 아동들이 교육프로그램에 능동적이며 적극적으로 참여한다.
- 교육활동에서 소외되는 아동이 적다.
- 아동들이 어린이집 생활에 만족한다.
- 아동들이 자신감과 만족감을 갖고 다른 아동과 친절히 지낼 수 있다.

② 교실의 공간배치

● 교실에서 아동들의 좌석 위치에 따른 수업 참여도에 관한 연구(Summer, 1969)의 결과는 다음과 같다.

- 교사와 정면으로 앉은 아동이 가장 수업에 적극적으로 참여했고, 옆쪽에 앉은 아동들이 말을 적게 하였다.

- 첫째 줄의 아동이 뒷줄의 아동들보다 더 열심히 수업에 참여했고 가운데 앉은 아동이 주변에 앉은 아동보다 더 열심히 수업에 참여하였다.

- 이와 같이 학습활동이 잘 이루어지는 지역을 활동작용영역(action zone)이라고 칭하였다.

- 거리가 멀수록 심리적 거리감이 크기 때문이다. 이러한 관점에서 보면, 교실공간배치를 융통성 있게 해야 함을 알 수 있다.

③ 학급의 크기

● 학급의 크기가 증가함에 따라 활동적인 아동 수가 줄어들었을 뿐 아니라 참여하는 아동 수도 줄어든다.

● 학급의 크기가 큰 활동실에서 아동들은 원만한 대인관계 유지가 어렵고 방임적, 공격적 행동이 많으며 갈등적 상호작용이 더 많다. 또한 교사와 아동 간의 개별 접촉이 줄어든다.

● Hymes(1981)

- 3세 아동에게 적합한 학급크기는 아동 12명에 교사 2명, 4세의 경우 아동 16명에 교사 교사 2명, 5세의 경우 아동 20명에 교사 2명을 제시하였다.

④ 놀이자료 및 설비

● 놀이터에 놀이기구가 배치되었을 때에는 참여가 많아지고 서로 빼앗고 싸우고 울며 때리는 행동도 함께 나타났으나 놀이기구를 없앴을 때 게임이 증가되고 사회적 접촉도 증가(Johnson, 1895)하는 경향을 보였다.

● 놀잇감과 교구의 감소는 아동의 공격적 행동을 증가시켰다(Ccmnolly, 1981).

< 밀러 - 교사의 행동과 교실환경 점검 >

● 교사는 아동의 연령이나 발달적 수준에 대해 비현실적인 높은 기대를 가지고 있다.

● 아동의 수에 비해 교실 공간이 너무 협소하거나 혹은 아주 넓은 개방된 공간이 있다.

● 아동의 수에 비해 교재교구의 양이 적절하지 않다.

● 교재교구가 아동의 연령이나 발달 수준에 비해 너무 단순하거나 혹은 너무 도전적이다.

● 활동에서 아동이 직접 손으로 탐색할 기회가 거의 없고 교사 주도적이다.

● 교실이 너무 소란스럽고 산만하거나 자극이 과하다.

● 교실이 거의 조직화되어 있지 않다. 하루 일과나 활동의 진행, 규칙 등이 비일관적이다.

● 하루 일과나 교실 공간이 너무 구조화되어 있고 융통적이지 않다.

● 전이시간이나 기다리는 시간이 너무 길다.

< 코스텔닉 - 아동으로 하여금 부적응 행동을 유발하는 상황 >

- 어떤 규칙이 있는지, 그리고 그것을 어떻게 따라야 하는지 아동이 잘 모른다.
- 자신의 행동이 부적절하다는 것은 알고 있으나, 그 대신에 어떻게 해야 하는지 모른다.
- 아동이 실제로 따를 수 없는 규칙이다.
- 아동은 발달 특성상 충동적인 행동을 통제하기 어렵다.
- 어떻게 해야 성인의 인정을 받는지에 대해 잘못 알고 있다.
- 아동 주변의 중요한 성인이나 형제, 또래가 교사가 인정하는 것과 반대되는 행동을 지지한다.
- 아동이 규칙을 부당하다고 생각한다.
- 수용되지 않는 행동을 해도 성인이 간과했고, 그래서 규칙을 따르든 따르지 않든 간에 별 차이가 없다고 생각하게 되었다.
- 사회적 상황의 실제적인 한계와 부모나 교사가 이 경계를 계속 유지할 것 인지를 시험해보고 있다.

2) 생태학적 접근 (ecological approach)

<사진> 브론펜브레너 (U. Bronfenbrenner)

아동의 발달을 환경의 상호작용과 제도적인 측면에서 이해하고자 하는 아동 연구의 접근법이다. 대표 학자는 브론펜브레너(U. Bronfenbrenner)로, 그는 개인을 둘러싼 다양한 수준의 주위 환경이 어떻게 아동의 발달에 영향을 미치는지를 하나의 모델로써 설명하였다.

그는 점차 확장되는 환경으로서의 체계와 아동과의 상호 작용을 중시하면서, 미시체계, 중간체계, 외체계, 거시체계, 연대체계의 5가지 수준으로 구성된다고 하였다. 이 모든 체계는 아동에게 의미있는 영향을 주지만 그 중에서도 특히 중간체계의 개념과 역할을 강조하였다.

* 중간체계(Meso Systems)란? ☞ 간단히 요약하고 기억하기

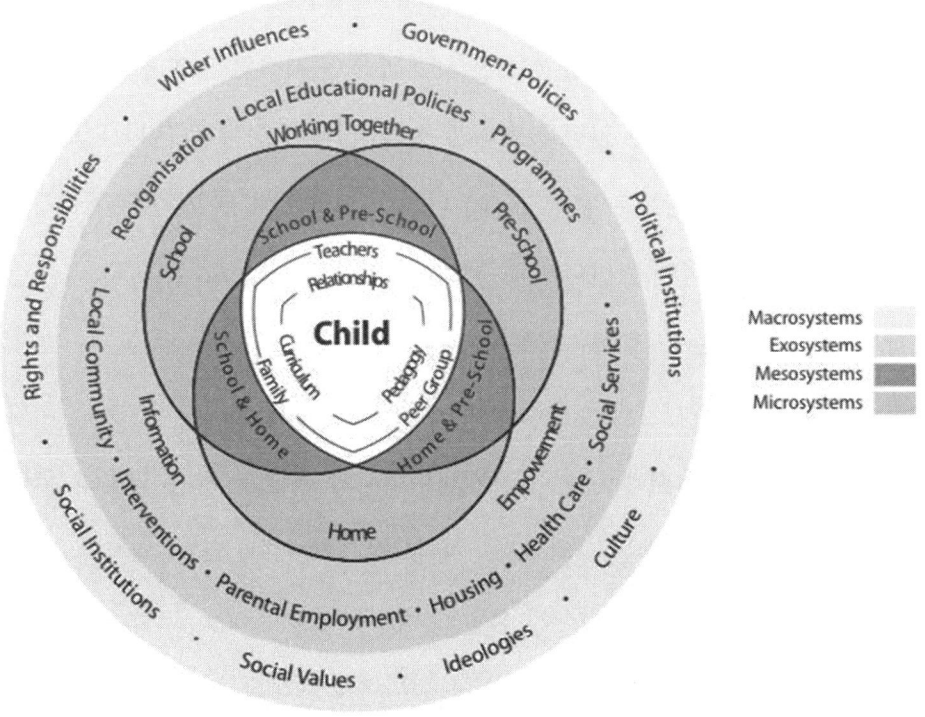

<그림> 브론펜브레너의 생태학적 체계 이론 모형

5. 스마트기기 등 미디어의 영향

TV 및 비디오, 스마트폰이 유아에게 미치는 영향은 긍정적·부정적 영향이 모두 보고되고 있는데, 부정적 영향이 더 크게 논의되고 있다.

긍정적 영향으로는 아동이 직접 경험하기 어려운 세계의 정보를 얻을 수 있고, 교육적이고 친사회적으로 구성된 프로그램은 아동의 인지 발달과 공유하고 서로 돕는 등의 긍정적 행동을 증진시킬 수 있다는 점이다.

반면, 부정적 영향으로는 활동적인 여가 시간을 방해하며, 인간관계 및 사회적 상호작용을 어렵게 하고, 심할 경우에는 TV·비디오·스마트폰 중독이 될 수도 있다는 점이 있다. 특히 폭력적인 장면은 아동에게 공격적인 성향을 가지게 하고 대인 관계에서도 적대적인 감정을 보이게 한다. 더욱이 아동이 TV나 미디어에서 본 내용을 실제로 행동으로 옮기지 않는다고 하더라도 많은 사람들은 적대적이고 공격적이고 폭력적인 방법으로 갈등을 해결한다고 믿게 될 수 있다.

또한, 해로울 수 있는 사회적 고정 관념(성 역할, 인종 등)을 심어줄 수 있으며, 상업 광고를 지나치게 많이 접하게 된다는 점도 문제로 지적된다. TV나 미디어에서 방영되는 프로그램에서는 여성에게 어머니의 역할과 자녀 양육의 역할을 강조하며 간호사, 선생님, 비서와 같은 직업으로 묘사된다. 반면, 의사나 변호사, 기술자 등 전문적인 직업은 남성의 역할로 비춰진다.

점차 그 비율이 낮아졌다고는 하나 TV나 미디어에 등장하는 인물의 성격에서도 여전히 여성은 의존적이며 수동적으로 묘사되며, 남성은 적극적이고 지배적이며 합리적으로 연출되는 경우가 빈번하다. 이로 인해 아동은 TV 등장인물의 역할, 직업, 또는 성격을 이상적이라 여겨 성역할 고정 관념을 갖게 되거나 동일시하게 될 우려가 있다.

특히 장시간 TV를 시청하는 경우의 부정적 영향이 많은 연구를 통해 제시되고 있는데, 이를 정리하면 다음과 같다.

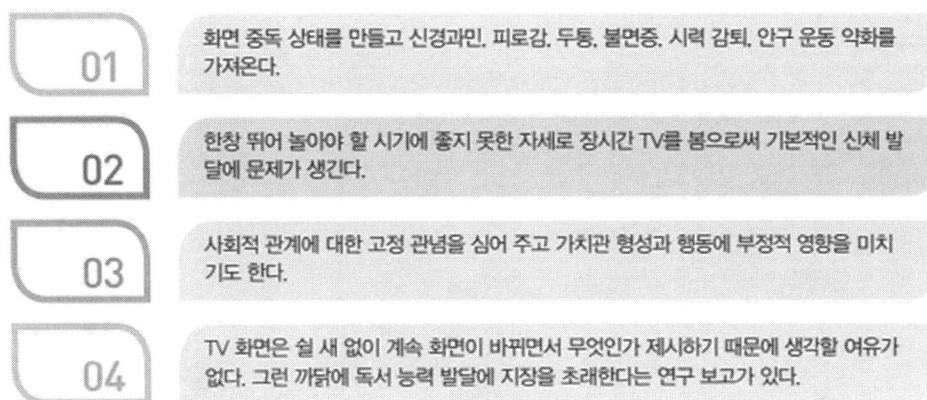

한편, TV나 비디오에 많은 시간을 할애하던 지난 시대와는 달리, 최근으로 오면서 스마트폰이 우리 일상생활의 많은 부분을 지배하고 있다. 이러한 현상이 유아나 아동에게도 예외는 아니어서 스마트폰을 사용하는 유아나 아동을 쉽게 볼 수 있다. 스마트폰은 전자파를 방출하게 되는데, 이때 방출되는 전자파는 1,900~2,000MHz로 알려져 있다. 일반적으로 전자파가 150MHz를 넘어서면 신체에 영향을 끼치는 것으로 볼 때, 스마트폰의 경우 엄청난 양의 전자파를 방출하는 것임을 알 수 있다. 최근 세계보건기구(WHO) 산하 국제 암 연구소에서는 스마트폰을 포함한 핸드폰을 잠재적 발암 물질로 규정하기도 하였다. 또한, 남자의 정액 속의 정자수와 운동성에 영향을 미쳐 임신에도 영향을 끼친다는 결과 보고도 계속되고 있다.

스마트폰 사용으로 인한 부정적 영향은 크게 세가지로 제시되며 현저성, 조절실패, 문제적 결과로 알려져 있다.

 **스마트폰 과의존이란?**
과도한 스마트폰 이용으로 스마트폰에 대한 현저성이 증가하고, 이용 조절력이 감소하여 문제적 결과를 경험하는 상태

현저성 salience
개인의 삶에서 스마트폰을 이용하는 생활패턴이 다른 행태보다 두드러지고 가장 중요한 활동이 되는 것

조절실패 self-control failure
이용자의 주관적 목표 대비 스마트폰 이용에 대한 자율적 조절능력이 떨어지는 것

문제적 결과 serious consequences
스마트폰 이용으로 인해 신체적·심리적·사회적으로 부정적인 결과를 경험함에도 불구하고 스마트폰을 지속적으로 이용하는 것

스마트폰 바른 사용 실천 가이드
영유아(0~5세) 보호자용

1단계(R) : 스마트폰 과의존 문제인식 ®(problem recognition)
2단계(E) : 과의존 척도를 활용한 사용 상태점검 ®(state check)
3단계(S) : 바른 사용 실천 방안 및 대안 제시 ®(suggest an alternative)
4단계(T) : 가족, 친구 등 주변사람과의 관계형성 강화 ®(connect)

스마트폰 쉼(R·E·S·T) 하세요!

®
1. '만 2세' 전에 아이가 스마트폰 자극에 노출되지 않게 지도해주세요.
   - 아이 앞에서는 가급적 스마트폰을 사용하지 않도록 노력해주세요.
2. 지나친 스마트폰 사용은 건강에 해롭다는 점을 가르쳐주세요.
   - 스마트폰 과의존 예방체조, 바른 사용 노래, 영상을 활용해보세요.

®
3. 아이와 보호자의 사용 습관을 함께 점검해보세요.
   - '스마트폰 과의존 유아동 척도(관찰자용)'를 활용해 사용 습관을 확인해보세요.
   ※ 스마트폰 과의존 유아동 척도 다운로드 : http://www.iapc.or.kr

®
4. 이른 시기에 노출됐다면, '서서히'가 아니라 '단번'에 끊는 것도 방법입니다.
   - '일관적인' 태도로 '단호하게' 스마트폰에서 멀어지도록 지도해주세요.
5. 안전하고 바른 사용을 위해, 스마트폰의 유해요소를 정리해주세요.
   - 불필요한 앱은 삭제하고, 보호자용 앱은 잠금(암호)기능을 설정해주세요.
   - 자녀 사용관리 프로그램을 활용해 보세요.
6. 건강을 위해, 바른 사용 자세를 습관화해주세요.
   - 스마트폰 사용 자세를 바르게 하고, 사용 후 스트레칭 하는 습관을 만들어주세요.
7. 교육용 '앱' 보다는 '책'을 읽어주세요.
   - 아이와 함께 책을 읽으며 대화하는 시간을 늘려보세요.
8. 사용규칙은 아이의 발달단계에 맞게 '구체적'으로 정하세요.
   - 거실 등 열린 공간에서, 보호자와 함께, 1회 10분 등 우리 가정만의 규칙을 정해 주세요.
   - 아이가 사용 규칙을 지키면 반드시 충분하게 칭찬해주세요.

®
9. 아이의 오감(五感)을 꾸준히 자극시켜 주세요.
   - 아이가 원하는 시간에 함께 공감하며 재미있게 놀아주세요.

10. (보행·이동 시) 안전한 외출, 보호자의 손은 아이에게 '생명의 손' 입니다.
    - 보행 중에는 스마트폰을 가방이나 주머니에 넣어두고 자녀의 손을 꼭 잡아주세요.
    - 이동하는 동안 수시로 아이와 다양한 대화를 나누며 관심을 표현해주세요.
11. (공공장소 등) 안전한 외출, 부모가 먼저 스마트폰으로부터 자유로워지세요.
    - 외출 시는 아이의 안전이 우선! 스마트폰을 가방에 넣어주세요.
    - 식당 등에서는 함께 놀이 할 수 있는 색종이와 색연필 등을 활용해보세요.

(출처: 스마트쉼센터 https://www.iapc.or.kr)

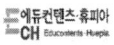

Ⅲ. 아동생활지도의 바람직한 접근

현대 사회에서는 아동생활지도에 대한 인식이 더욱 강조되기도 하는 반면, 이전 시대에 비해 지도의 내용이 많아지고, 방법적인 면에서 어려워지는 경향을 보인다. 아동의 바른 생활습관 및 집단생활, 개인생활의 기초를 위협하는 요인들이 매우 다양해지고 있기 때문이다. 이러한 상황에서 아동을 직접 돌보고 교육하는 모든 성인들은 어린 시기의 습관을 잘 형성하도록 도움으로써, 이후에 나타날 수 있는 어려움을 최소화하도록 미리 예방하여야 한다.

'치료보다 예방이 중요하다'는 명제는 아동과 관련된 모든 이들이 이미 영유아기 초기 투자에 대한 개념으로부터 익히 공감하고 있는 바일 것이다.

아동이 건강하게 성장하기 위해서 가장 필요한 것은 자기 욕구를 적절히 조절하여 바람직한 기본생활습관을 형성하고, 함께 생활하는 다른 사람과 건강한 관계를 유지하는 능력이다.

이를 지도하기 위한 적절한 교육적 접근의 방법을 폭스(Fox)와 코스텔닉(Kostelnik) 등의 학자는 아래와 같은 삼각 피라미드의 형태로 시각화하여 제시하였다.

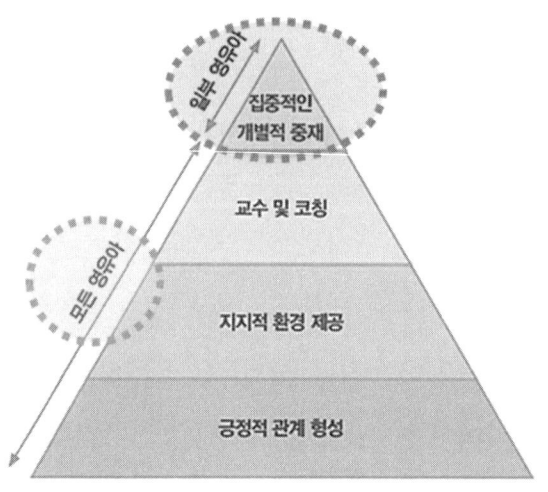

<그림> 바람직한 아동생활지도의 단계

1. 긍정적 관계 형성

영유아 시기에 교사나 부모로부터 존중받는 경험은 다른 사람과 잘 지내기 위한 능력을 발달시키는 데 기초를 형성할 뿐만 아니라 아동의 전인발달에도 영향을 주는 중요한 바탕이 된다. 즉, 아동을 담당하는 성인의 역할은 긍정적인 자아감, 숙달된 자기 통제력 및 도덕적 자율성을 길려줌으로써 책임감 있는 성인으로 자라도록 도와주는 것이다.

자아존중감은 자신에 대한 가치, 자신의 능력, 자신의 영향력의 3가지 요인에 의해 결정된다. 이러한 자아존중감은 타인으로부터 아동이 존중받고, 자신의 상황을 조절할 수 있도록 허용될 때 키워진다. 긍정적 자아감은 타인으로부터 아동이 존중받고, 자신의 일에 대한 보상이 아니라 자기 존재 자체를 정당하게 평가받는 경험을 통해 강화되므로 부모나 교사 등 주변 성인들이 아동을 어떻게 바라보고 대하는가는 중요한 문제이다. 즉, 흔히 사용하는 처벌이나 창피를 주는 행동은 아동에게 부정적인 자아감을 형성하도록 하는 대표적 방법이다.
따라서 아동 생활지도는 아동을 한 인격체로 존중하는 것에서 시작되어야 한다. 이러한 과정을 통해 아동이 긍정적인 자아감을 갖도록 지원해야 한다.

1) 조건이 없는 긍정적 수용과 애정

긍정해 주기는 아동에게 누군가가 자신을 원하고 인정하고 있음을 느끼게 한다. 아동이 건전한 자존감을 발달시키기 위해서는 양육자의 말과 행동에서 다음의 분명한 메시지가 전달되어야 한다.

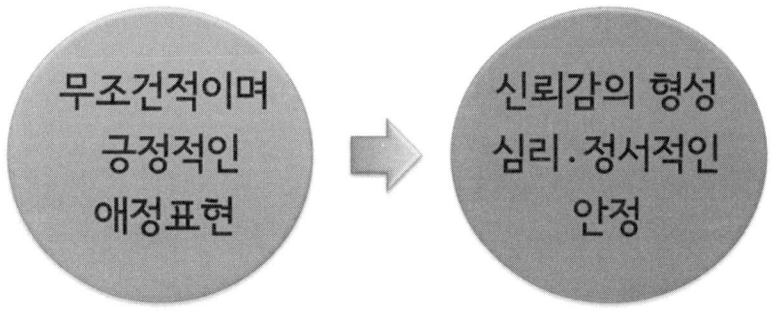

<그림> 무조건적 긍정과 애정이 아동에게 미치는 영향

(1) 존재에 대한 긍정

"넌 여기 있을 자격이 있어." "네가 바로 너여서 난 기쁘단다."

"선생님은 왜 내가 예뻐요?" "민영이라서 예쁘지!"

(2) 독립적이 되는 것에 대한 긍정

"선생님의 관심을 받으려고 속임수(일부러 꾸미고, 아프고, 슬프고, 흥분하고, 두려워하는)를 사용하지 않아도 돼."

"선생님의 관심이 필요하면 '선생님- 이리 와보세요'라고 이야기하면 돼."

(3) 사고하는 것을 학습하는 것에 대한 긍정

"비록 다 성공하지 못할지라도, 네가 생각하는 것들을 주장할 수 있어."

"너의 생각대로 해보았는데, 결과는 마음에 들지 않았나 보구나. 새로운 방법으로 시도해보자."

(4) 개인적 정체성을 발달시키는 것에 대한 긍정

"거절 당하는 것을 두려워하지 않고 자신의 감정을 표현할 수 있어."

"의견 불일치도 인정된단다."

"네 자신의 판단을 믿어도 괜찮아."

아동에 대한 긍정적인 수용은 일상생활 중에 언어적으로 표현하기도 하지만, 비언어적 방법을 활용하여 전달될 때 더욱 효력을 발휘한다. 언어적 능력이 부족한 어린 연령일수록 교사의 무조건적이고 긍정적인 수용을 통해 자신이 애정을 받고 있다고 느끼기 때문이다.

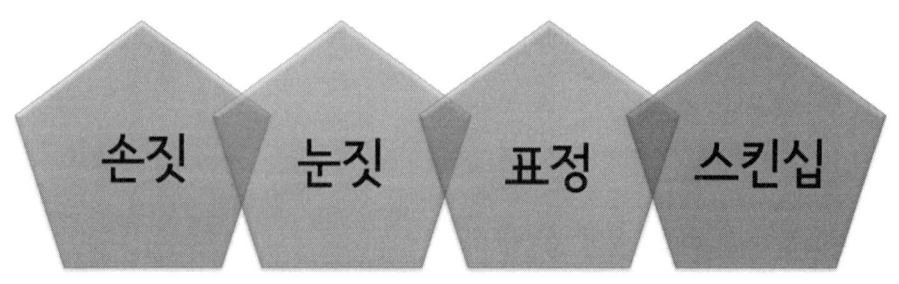

<그림> 아동에게 애정을 전달하는 교사의 비언어

2) 공감하기

교사는 아동의 욕구 및 감정을 공감하고 아동 스스로 자신의 감정을 처리하는 능력을 발달시켜주어야 한다.
교사로부터 자신의 감정을 공감 받은 아동은 교사에 대한 신뢰를 형성할 뿐만 아니라 적절한 방법으로 자신의 감정을 표현하고 처리하는 기술을 발달시킬 수 있어 추후의 다양한 갈등 상황이나 문제에 적절히 대처할 수 있다.

(1) 1단계 : 아동의 감정 인식하기
- 부정적 감정을 억지로 멈추려 하는 것이 부정적 영향을 줄 수 있다.
- 교사는 아동이 느끼는 감정에 대해 언어적으로 표현하면서 아동의 감정을 읽어준다.
- 아동은 교사가 자신의 감정을 인식하고 표현하는 것을 간접 경험하면서 다양한 감정을 인식할 수 있다.

(2) 2단계: 감정을 공감하고 경청하기
- 아동이 지금 느끼는 감정을 그대로 수용한다.
- 아동 감정을 진심으로 공감한다.
- 아동의 말을 경청하고 아동의 감정을 읽어준다.
- 아동이 표현하는 감정을 축소하거나 과장하지 않고 그대로 수용한다.

(3) 3단계 : 아동이 자기 감정을 표현하도록 도와 주기

아동 스스로 자신의 감정을 자신의 언어나 몸짓으로 표현할 수 있도록 한다.

- 영아: 얼굴 표정이나 몸짓 혹은 교사가 표현하는 언어적 표현을 모델 삼아 스스로 자신의 감정을 표현한다.
- 유아: 자신의 감정에 대해 언어적으로 표현할 수 있다.

(4) 4단계 : 스스로 감정을 해결하도록 안내하면서 한계 설정해 주기

아동이 생각한 방법이 다른 사람에게 피해를 주지 않고 안전에 위배되지 않도록 한계를 설정해준다.

2. 지지적 환경 제공

1) 물리적 환경

- 벽지, 조명 등을 통해 화사하고 밝은 분위기 제공한다.
- 연령과 발달 수준에 적합한 놀이 및 흥미영역으로 구성한다.
- 소음을 통제하고 주의가 산만해지지 않도록 구성한다.
- 아동이 쉽게 놀잇감에 접근할 수 있고 스스로 정리할 수 있는 환경으로 구성한다.
- 개인 사물함 및 사적인 공간을 마련해준다.

2) 규칙적인 일과 계획

- 각 아동의 연령 및 발달에 적합한 하루 일과 내용과 시간을 구성한다.
- 활동적인 활동과 조용한 활동, 실내놀이와 실외놀이, 개별적인 활동과 집단활동 등이 각각 균형 있게 이루어지도록 구성한다.
- 아동이 기다리는 시간을 최소화한다.
- 다음에 무슨 일이 있는지 매시간 안내함으로써 아동이 다음 활동을 예측하도록 한다.
- 서로 도와주고 협력하는 일과를 많이 포함시킨다. 예를 들면, 식사 배식 당번, 실외놀이 나가는 순서 등에 대한 규칙을 정하고 실행한다.

0~1세 일과운영계획 예시

구분 시간	맞춤반	종일반
07:30~09:00	-	종일반 등원 및 통합보육
09:00~10:20	맞춤반 등원 / 실내 자유놀이	
10:20~10:50	손 씻기 및 기저귀 갈이 (또는 배변활동) 오전 간식(또는 이유식)	
10:50~11:30	실외놀이	
11:30~12:40	손 씻기 및 기저귀 갈이 (또는 배변활동) 점심 및 이 닦기	
12:40~14:30	낮잠 및 휴식	
14:30~15:00	손 씻기 및 기저귀 갈이 (또는 배변활동) 오후 간식(또는 이유식)	
15:00~17:30	맞춤반 하원	실내자유놀이 손 씻기 및 기저귀 갈이 (또는 배변활동) 실외놀이
17:30~19:30		통합보육 (실내 자유놀이) 종일반 하원

2세 일과운영계획 예시

구분 시간	맞춤반	종일반
07:30~09:00	-	종일반 등원 및 통합보육
09:00~10:20	맞춤반 등원 / 실내 자유놀이	
10:20~10:50	손 씻기 및 화장실 가기 오전 간식	
10:50~11:30	실외놀이	
11:30~12:40	손 씻기 및 화장실 가기 점심 및 이 닦기	
12:40~14:30	낮잠 및 휴식	
14:30~15:00	손 씻기 및 화장실 가기 오후 간식	
15:00~17:30	맞춤반 하원	실내자유놀이 손 씻기 및 화장실 가기 실외놀이
17:30~19:30		통합보육 (실내 자유놀이) 종일반 하원

「어린이집 표준보육과정에 기초한 영아프로그램」 3세반 일일보육계획 예시

시간	활동명
7:30~9:00	등원 및 통합보육/오전간식
9:00~10:30	오전 자유선택활동
10:30~10:50	정리정돈 및 화장실 가기
10:50~11:20	대·소집단활동
11:20~12:20	실외활동/손씻기
12:20~13:20	점심식사 및 이닦기
13:20~14:00	정리정돈 및 낮잠준비
14:00~15:40	동화 듣고 낮잠 및 휴식하기
15:40~16:10	낮잠깨기 및 정리정돈
16:10~16:30	오후간식
16:30~17:40	오후 자유선택활동
17:40~18:00	귀가 준비
18:00~19:30	귀가 및 가정과의 연계

→

시간	활동명
7:30~9:00	등원 및 통합보육
9:00~9:30	오전간식
9:30~10:40	실외활동/손씻기
10:40~12:00	오전 자유선택활동
12:00~12:20	대·소집단활동
12:20~13:20	점심식사 및 이닦기
13:20~14:00	정리정돈 및 낮잠준비
14:00~15:40	동화 듣고 낮잠 및 휴식하기
15:40~16:10	낮잠깨기 및 정리정돈
16:10~16:30	오후간식
16:30~18:00	오후 자유선택활동
18:00~19:30	귀가 및 통합보육

(출처: 표준보육과정의 이해, 중앙육아종합지원센터)

3. 가르치기와 코칭

1) 친사회적 행동

친사회적 행동이란 도와주기, 나누기, 희생하기, 협동하기, 격려해주기, 달래주기 등 이기심이나 공격성과 같은 반사회적 행동의 반대 개념이다.

(1) 친사회적 행동의 발달

친사회적 행동은 긍정적 측면의 사회적 행동이라는 정의도 있고, 다른 사람에게 이로운 행동을 하여 긍정적인 영향을 주는 모든 행동을 포함하는 것이라는 정의도 있다. 또한, 반사회적 행동과 반대의 개념으로서 상대방에 대한 배려에 기반

하는 긍정적 사회 행동, 즉 나누기, 협동하기, 돕기, 배려하기, 공감하기, 도덕적으로 바른 행동하기 등과 같은 바람직한 행동들을 의미한다.

<친사회적 행동의 예>
- 자신이 좋아하는 사탕을 친구와 나누어 먹는 것
- 울고 있는 친구를 달래주는 것
- 좋아하는 장난감을 친구에게 양보하는 것
- 친구의 무거운 가방을 함께 들어주는 것

이러한 친사회적 행동이 발달하기 위해서는 타인의 관점을 이해할 수 있는 조망 수용 능력과 타인의 감정을 경험할 수 있는 감정 이입 능력 등이 발달해야 한다. 자아중심이 강한 유아는 다른 사람의 관점을 수용할 수 없기 때문에, 친사회적 행동에 대한 요구를 인식하지 못한다. 예를 들면, 어린 영아는 자신이 좋아하는 장난감을 나누어서 놀이하지 못한다. 자기가 너무 좋아하는 장난감이니 자기가 가지고 놀아야 한다고 생각하기 때문이다. 또한 타인에 대한 관점이 부족해서 자신이 장난감을 갖고 있으면 다른 친구도 그것을 갖고 싶어 할 것이라는 생각을 하지 못하기 때문이다. 하지만 만 3~4세 정도가 되면 자신이 좋아하는 장난감이지만 친구가 가지고 놀고 싶어 하면 같이 가지고 놀 수 있게 되는 것이다. 즉, 유아가 다른 사람의 생각과 감정을 이해할 수 있게 되면 기꺼이 다른 사람을 돕거나 가진 것을 나눌 수 있게 된다.

18개월 정도가 되면 영아는 다치거나 힘들어 하는 사람을 보면 안아주거나 달래주거나 자신의 물건을 나누어 준다. 즉, 타인의 요구를 이해할 수 있게 되고 적절한 친사회적인 행동에 대해 배우게 되는 것이다. 이러한 친사회적 행동은 24개월 정도에 그 빈도가 증가하며 연령이 많아질수록 더욱 증가한다.

(2) 친사회적 행동에 영향을 미치는 요인

친사회적 행동은 인간이 사회생활을 영위하는 데 가장 기본적으로 요구되는 사항으로 아동이기에 기초가 형성된다. 친사회적 행동에 영향을 미치는 요인으로는 사회화 요인과 상황적 요인으로 구분할 수 있다.

첫째, 사회화 요인으로는 부모의 양육, 모델링 등을 들 수 있다.
부모가 애정적이고 지지적이며 자녀의 연령에 맞는 적절한 행동을 요구할 때 친사회적 행동이 증가한다. 다른 사람에게 동정심을 가지며 고통 받는 타인을 보호하거나 도와주려는 아동의 부모는 자녀에게 친사회적으로 행동하도록 단호하게 요구하는 경향이 있다. 아동은 타인에게 도움을 주는 성인을 관찰하면서 친사회적 행동을 모방하기 때문에, 자신의 행동이 상대방에게 어떠한 영향을 미치는지를 아동이 예측해보도록 하는 것도 효과적이다. 예를 들어, 부모로부터 사랑한다는 표현을 많이 받아온 아동은 다른 사람들을 더 많이 껴안고 뽀뽀하고 위로해 주며 친절하게 인사한다. 이처럼 부모나 또래가 다른 사람을 세심하게 배려하고 함께 나누며 개인보다는 집단을 강조하는 문화적인 환경을 조성할 때 아동은 보다 수준 높은 친사회적 행동을 나타낸다.

둘째, 상황적 요인으로는 아동의 기분, 교실과 놀이 환경, 수혜자의 특성 등이 친사회적 행동에 영향을 미친다.

일반적으로 긍정적 기분은 친사회적 행동을 증진시킨다. 아동은 행복하고 성공하고 있다는 기분이 들고, 인기가 있고, 정서적으로 안정되어 있으며 자신감이 있을 때 더 친사회적으로 행동한다. 예를 들어, 어린이집에서 리더로서 즐거운 시간을 보낸 아동은 교사에게 체벌을 받은 아동에 비해 집에 돌아가서 형제와 '나누는' 행동을 더 많이 하는 것으로 나타났다. 이에 비해 부정적 기분은 친사회적 행동의 저해 요소가 된다. 예를 들어, 강렬하거나 지속적인 분노는 타인에 대해 적대적인 충동을 일으킴으로써 친사회적 행동에 부정적 영향을 미치고 사회적 관계를 악화시키는 경향이 있다.

또한, 아동은 경쟁적 분위기보다는 협동적 분위기에서 친사회적 행동을 더 많이 한다. 예를 들어, 어떤 과제를 함께 수행한 사람만 보상할 때보다는 모둠으로 보상하는 경우 더 다정하게 대화하고 돕고 공유하며 칭찬하는 행동을 더 많이 하는 반면, 잘난 척하거나 비난하는 행동은 적게 하는 것으로 나타났다. 그리고 협동 작업을 해 본 아동은 협동의 즐거움과 기쁨을 터득하여 친사회적인 상호 작용 방식을 새로운 상황에까지 일반화하는 경향이 있다.

마지막으로 아동은 친구 또는 사회 계층, 성별 등이 자신과 유사한 사람에게 더 관대하고 잘 도와주며 더 칭찬하는 경향이 있다.

친숙한 사람이 도움을 필요로 할 때 책임감을 더 크게 느끼고 친사회적으로 행동한다. 그리고 자신보다 어린 아동에게 더 관대하며 돕는 행동도 많이 한다. 유아의 놀이 집단을 비교해 본 결과, 동일 연령 집단보다는 혼합 연령 집단에서 친사회적 행동의 빈도가 더 높았다는 연구 결과도 있다.

아동은 아직 성장하는 과정에 있고, 특히 영유아기는 자기중심성이 강하며 조절력이 부족하다. 따라서 타인과의 관계 형성 및 상호작용 과정에서 친사회적으로 행동하는 데 어려움을 가질 수밖에 없다. 따라서 아동의 친사회적 행동을 발달시키기 위해서는 일상생활에서 친사회적 행동을 할 수 있는 다양한 기회를 제공해 주고, 부모나 교사가 다른 사람을 도와주거나 배려하는 등 친사회적 행동의 모델이 되는 것이 중요하다.

2) 친사회적 행동 가르치기

(1) 친사회적 행동의 동기

강화하기 친사회적 행동을 관찰한 경험, 친절한 행동을 경험한 결과, 친사회적으로 행동한 자신의 노력에 대한 주변의 반응 등으로 친사회적 행동의 동기가 생긴다.

(2) 친사회적 행동의 필요성에 대한 인식

각 상황에 대한 정보나 지식이 있어야 하고 그 상황에 처한 상대방에 대한 조망수용능력이 발달되어야 한다
교사는 일상생활에서 자연스럽게 발생하는 도움이 필요한 상황, 도움이 필요한 사람이 원하는 구체적인 도움 등에 대해 아동과 함께 알아보거나 토론하기 등을 진행하는 것이 효과적이다.

(3) 친사회적 행동을 결정하고 실행하기

교사의 강요로 인한 실행은 오히려 역효과가 더 크기 때문에 아동 스스로 실행하도록 기다려야 한다.

교사는 영유아기 발달에 적합한 실행 기술을 구체적으로 안내해야 한다.

3) 자기조절능력 증진하기

피해를 주는 아동의 욕구나 행동 또는 위험한 행동을 아동 스스로 조절하는 능력을 증진시킴으로써 부적응 행동을 예방하는 것이다. 이 때 교사는 직접적인 지도와 모델링의 방법을 사용할 수 있다.

(1) 직접적인 지도

아동의 부적절한 욕구나 행동을 신체적 또는 언어적으로 통제하는 방법으로써, 위험한 상황이나 상대방에게 직접적인 피해가 가는 위급한 상황에서는 직접적인 지도가 필요하다. 이 때, 언어적 명령과 더불어 신체적으로 규제하는 행동이 함께 이루어진다. 주의할 점은 교사의 분노가 전달되지 않도록 하여야 하며, 위험한 행동 대신에 할 수 있는 구체적인 대안 행동을 제시해주는 것이다.

지도방법	예시
옳고 그른 것에 대하여 정확하게 말해주기	- 강아지 꼬리를 잡아당기면 다칠 수 있어. - 놀잇감은 나누어서 쓰는거야. - 남의 것을 빼앗는 것은 좋지 않은 행동이야.

기대되는 기준을 언급하기	- 놀잇감을 살살 다루자. - 가지고 놀던 놀잇감을 정리하자. - 할아버지께 인사드리렴.
특정 행동을 제한하기	- 물감놀이를 하기 전에는 꼭 앞치마를 해야 해. - 그네는 5분만 탈 수 있어.
행동 방향 바꾸어주기	- 바깥놀이에 나가서 하자. 방안에서는 공놀이를 할 수가 없어. - 친구에게 가서, 네가 많이 화났다는 것을 말로 이야기해 줘.
본인의 행동이 타인에게 주는 영향을 알려주기	- 네가 친구를 때렸기 때문에 친구가 너를 때린 것이란다. - 네가 바닥에 떨어진 종이 조각 줍는 것을 도와주어서 선생님이 정말 고맙다.
본인의 행동이 타인에게 어떻게 비칠 지 알려주기	- 친구가 인사했을 때, 네가 함께 인사를 해주지 않는다면, 네가 자기를 싫어한다고 생각할 수 있어. - "고마워'라고 말로 표현하지 않으면, 친구들은 네가 고마워하고 있는 것을 모른단다.

출처: Kostelnik 외(2017)

(2) 모델링

아동은 애정의 대상이 되는 교사나 가까운 주변 성인들을 닮고 싶어하는 심리를 갖고 있으며, 모방하는 행동을 통해 생활 속에서 많은 것들을 배워간다. 친사회적 행동 역시 교사를 비롯한 성인들이 모델이 되어줌으로써 아동의 학습을 유도할 수 있으며, 자신의 욕구나 감정을 조절하는 능력을 발달시키는 데 효과적으로 사용된다.

<놀이 상황에서의 예>

유아들에게 인기 높은 퍼즐놀이의 차례를 기다리는 경우, 교사는 유아들에게 다가가 "선생님도 이 놀이를 하려고 하는데, 얼마나 기다려야 하니?" "와- 인기가 많아서 오래 기다려야 하네. 그럼 나는 저쪽에서 색종이랑 물감놀이를 하고 있을게. 차례가 되면 알려줘." 라고 말해줌으로써 자연스러운 모델을 제시할 수 있다.

4) 갈등중재 모델

아동은 일상생활 속에 많은 갈등 상황을 경험하게 되는데, 각 갈등 상황에서 문제를 인식하고 서로가 만족할 만한 해결책을 모색하여 문제를 해결한다. 아동들이 아직 자기중심성이 강한 시기인 만큼 어린이집에서의 갈등은 자주 발생한다. 갈등을 반드시 부정적으로 인식할 것은 아니며 오히려 사회교육의 기회로 삼을 수 있다. 사람이라면 누구나 욕구를 가지고 있고 그 욕구가 성취되지 못하거나 특정 상황 때문에 욕구를 성취할 수 있는 적절한 방법을 찾지 못하면 문제에 부딪히게 된다. 그런데 이러한 문제 상황을 적절하게 친사회적으로 해결하는 것을 영유아기부터 교육받아야 이후의 성장 과정에서도 타협을 통한 친사회적 문제 해결이 가능하다.

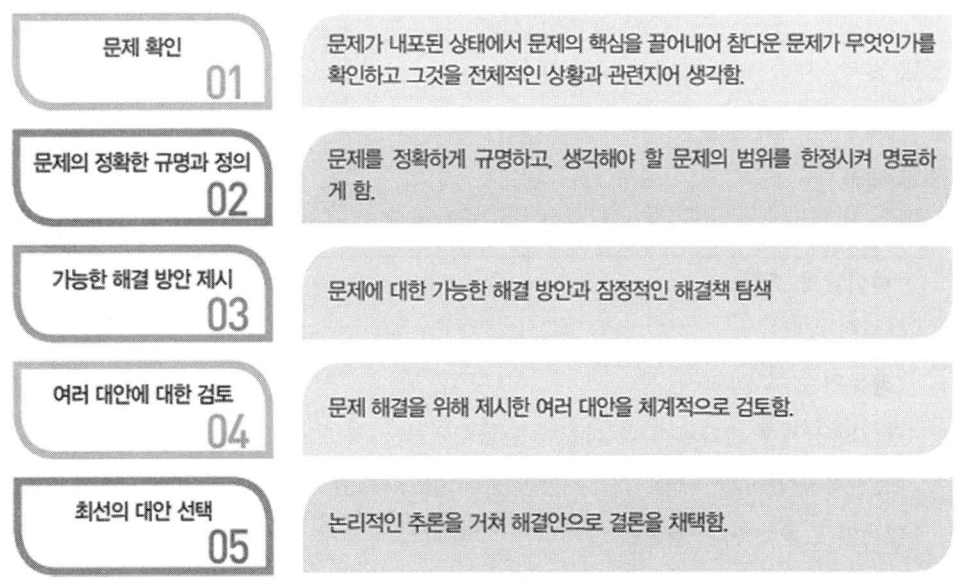

<그림> 일반적인 아동간 갈등 중재의 방법 5단계

4. 집중적인 개별적 중재

앞서 제시한 3단계, 즉 긍정적 관계 형성-지지적 환경 제공-교수 및 코칭의 모든 과정은 일반적인 아동들에게 모두 적용이 가능하며, 대부분의 아동은 그 과정 속에서 긍정적인 행동의 발달을 이루게 된다. 그러나 일부 아동의 경우, 집중적이고도 개별적인 중재가 필요할 수 있다. 이 때 아동을 담당하는 교사는 아동에 대한 다양한 정보를 수집하고, 특히 일상 중에 나타나는 아동의 말과 행동을 면밀히 관찰함으로써 객관적 자료를 모아두는 것이 필요하다.

즉, 아동의 개인적 특성이나 양육환경, 어린이집에서의 생활 등에 대한 종합적인 분석을 통해 가정과 협력하여 아동이 보이는 문제를 해결할 수 있도록 집중적인 노력을 기울여야 한다.

[사례] 또래 관계와 의사소통에 있어서 지속적 문제를 보이는 아동의 상담자료의 예

면담 일시: 20**. *. *. 18:30 [○○반 교실] **면담 아동:** 김□□ (**반)
면담 교사: □□□ 원장 **면담 대상:** 부, 모
면담 내용: 20**-20**년에 걸쳐 담임교사와 원장의 누적된 관찰을 통해 볼 때, 전반적인 발달이 늦어지고 있는 것으로 판단되어 부모에게 특별 면담을 신청함.

> **[신체발달과 조절]**
> - 근육의 발달
>   (팔목의 힘, 다리의 힘 등)
> - 자신의 신체를 필요에 따라 적절하게 움직이는 능력
>   (소근육 활용, 대근육의 속도나 방향 등 조절의 측면)
> - 발육에 도움이 되는 활동을 즐겨하는가: 숙달의 측면
>   (스스로 정교하게 활용해보려는 시도 반복 -> 이를 통해 발달 증가)
> ◆ 예: 가위질에 몰두하거나 자전거를 세게 달리고 세우며 속도를 조절하는 연

습 등이 본격적으로 이루어지는 시기

[기본생활습관]
- 자신의 신변을 처리할 수 있는 기본 인지와 능력
  (내가 밥을 먹는다/ 식사-양치-배변-옷입기-공간이동 등)

[인지] 상황에 대한 판단
- 일과 흐름에 대한 인식과 예측과 함께 그에 따라 스스로 움직이겠다는 의지

[인지] 사회인지 & [언어] 의사소통
* **사회인지(social cognition)**: 자신과 타인의 생각, 감정, 동기, 행동에 대한 생각
◆자기개념: 독립적인 '자기'에 대한 인식 / 자신과 관련된 구체적 특성(선호, 소유, 행동) 인식
  예: 나는 ~를 잘해요. 좋아해요. 우리집엔 ~가 있어요. 특히 많이 말하고 자신을 확인하며 자랑스러워하는 시기
- 자기개념이 발달되어야 다른 사람들도 자신처럼 독립된 존재이고 고유한 생각이 있다는 것을 알게 됨.
- 또래, 교사의 말이나 표정을 읽고 이해하는 능력
- 상대방에 대한 적절한 반응(눈 마주침, 억양, 말의 내용에 상응되는 반응)

□□이가 위의 여러 영역들에서 발달이 고르게 일어나지 않음으로 인해 스스로 해야할 것과 할 수 있는 것, 또래나 교사와의 소통에서 어려움을 겪고 있음.

가정에서
- 근육발달을 위해 동적인 활동 많이 제공해줄 것
- 달리고 잡는 놀이, 자전거, 미끄럼 오르내리기/ 가위질, 끄적거리기 등 소근육 활동
- 기본생활습관: 밥먹기/ 옷입기/ 양치하기
- 다음에 일어날 일에 대해 얘기해주고, 확인하기/ 스스로 예측해보게 하기
- 마주보고 눈을 마주치며, 대화를 주고받으며 놀이하기

5. 가정과의 연계

교사는 아동의 부적응 행동 지도를 위해서 부모의 가치관 및 신념을 존중하면서 지속적으로 의사소통해야 한다.

1) 서로 존중하기

- 부모의 자녀교육에 대한 가치관이나 신념을 수용하면서 부모의 삶의 특성, 교육방식 등을 알아보고 공감하려는 태도를 보인다.
- 전문가적인 교육 신념을 조심스럽게 전달하면서 부모가 가장 힘들어하는 아동의 부적응 행동에 대한 실제적인 방법을 안내한다.

2) 부모 이야기 경청하기

- 아동의 부적응 행동에 대해 객관적인 사실을 전달하되 아동의 행동에 대한 평가적인 요소가 포함되지 않도록 조심한다.
- 부모의 관점이나 의견을 충분히 들은 후 요약하여 말해 줌으로써 교사가 부모의 이야기를 정확히 경청했는지 확인한다.

3) 동료교사와 대화하기

- 부모와의 면담 후 원장, 주임교사 및 동료 교사와 해당사항에 대해 논의한다.

4) 지속적인 참여 권유 및 중재 분위기로 전환하기

- 아동 부적응 행동 지도를 위해 부모나 가정이 참여할 구체적이고 실제적인 방법을 안내한다.
- 부모와의 의견 차이가 좁혀지지 않아서 의견 충돌이 심각하다면 교사는 면담을 종료하고 다른 전문가에게 도움을 요청하는 것이 적절하다.

Ⅳ. 영유아 기본생활지도

<바람직한 기본생활 지도 적용을 위한 중요 원칙>

- 아동이 속한 교육기관의 물리적 환경은 아동의 발달에 적합하며 아동에게 안정감을 제공해야 한다.
- 아동이 지내는 일과의 시간과 내용은 아동들이 예측할 수 있도록 운영되어야 한다.
- 교사의 지도는 아동의 발달과 개인 차이를 이해하는 노력을 토대로 이루어져야 한다.
- 교사의 지도는 아동 자신과 타인또래, 교사 포함의 안전, 건강을 보호하는 규칙을 포함하고 있어야 한다.
- 아동을 존중하는 태도가 교사의 기본생활지도에서 나타나야 한다.

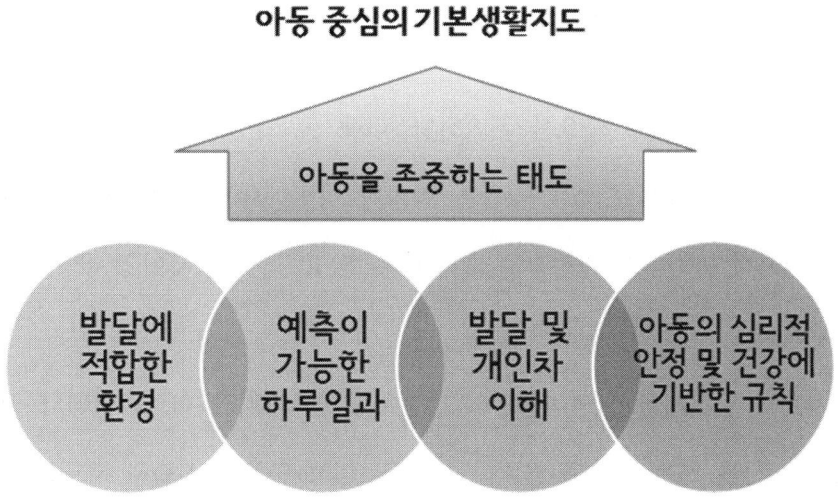

1 이유 및 식습관 지도

1. 영아기

1) 영아기의 식습관 발달과 생활지도

영아기는 인간이 살아가면서 배워야 하는 가장 기본적인 모든 것을 습득하는 단계이다. 올바른 생활습관 습득을 통해 아동은 사회를 살아가는 데 필요한 사회성 및 대인관계 등을 형성할 수 있다. 따라서 이 시기에 좋은 습관을 가질 수 있도록 지도해 주는 것이 매우 중요하다. 본 장에서는 영아기에 올바르게 형성해야 할 생활 습관 및 지도법에 대해 살펴보고자 한다.

(1) 식습관 지도에 대한 기본 이해

영아기는 성장과 발육에 있어서 질적, 양적으로 가장 빠른 변화가 이루어지는 시기이다. 신체 변화에 따른 활동량과 운동 기능의 발달로 많은 영양소를 골고루 섭취하는 것이 매우 중요한 시기이다. 이때 필요한 영양소를 적당량으로 골고루 섭취하기 위해서는 바른 식습관 형성이 이루어져야 하는데, 이를 통해 영아들은 정서적 만족감과 안정감을 획득할 수 있고, 나아가 사회·정서적인 발달도 이룰 수 있다.

현대 사회로 들어서면서 영아들은 가정에서 뿐만 아니라 어린이집에서 급·간식을 통해 식사를 하는 경우가 늘어나고 있다. 이에 아동의 식습관 지도는 부모뿐 아니라 교사의 책임이 점차 증가되고 있다.

영아기에 올바른 식습관 기초를 마련하기 위해서 성인은 아동의 발달적 특성을 고려한 적절한 음식 제공, 음식에 대한 선호와 태도 파악, 식사 예절 및 규칙에 대한 지도가 이루어지도록 해야 한다. 다음의 표는 영아의 월령에 따른 식행동 발달 단계이다.

연령	식행동 발달의 특징
1세 초반	- 컵에 입을 대고 마신다. - 숟가락 잡는 것을 어려워하고, 손가락을 활용해 음식을 입에 넣는다. - 밥그릇을 양손으로 잡는다. - 혼자 먹으려는 욕구가 생기고, 남에게 음식을 주고 즐거워한다. - 음식을 흘리거나 떨어뜨리는 행동은 자연스러운 것이다.
1세 6개월	- 숟가락을 사용하려고 애쓰는 모습을 보인다. - 양속으로 그릇을 들어 물을 마시려고 하지만 아직은 잘 흘린다. - 식사 도중 상황에 변화가 생기면 자리에서 일어난다. - 음식 맛에 대하여 기억한다.
2세 전후	- 컵을 손에 쥐고 물을 마실 수 있다. - 음식을 기다릴 수 있는 자제력이 생긴다. - 음식에 대한 기호가 분명해진다. - 식욕이 다소 떨어지는 경향을 보인다.

<표> 영아기의 식행동 발달

2) 영아의 발달 특성을 반영한 환경구성

(1) 0~1세

영아가 최대한 가정과 비슷한 환경에서 편안한 상태로 우유(또는 모유)를 먹으며 정서적으로 안정감을 느낄 수 있는 환경을 조성해준다. 영아들의 개별 요인이 모두 다르므로, 월령 혹은 가정에서의 요구를 반영하여 수유를 하도록 한다. 우유나 모유는 냉장고에 보관하고, 냉장고에 보관되었던 우유는 적당한 온도로 데워 제공한다(보건복지부, 2013).

① 수유에 필요한 준비물

영아의 수유를 위해서는 다양한 준비가 이루어져야 하는데, 구체적 사항은 다음과 같다. 개별 가정에서는 영아 개인이 매일 사용할 젖병(수유 횟수 + 여유분)과 함께 1회씩의 분량이 담긴 휴대용 분유케이스, 거즈 손수건 등을 준비해주어야 한다. 이 때 가정에서는 영아의 수유 횟수와 패턴 및 1회 먹는 양 등을 알려 주어야 한다. 어린이집에서는 분유의 온도를 맞추기 위한 보온병, 젖병이 부족한 경우를 대비해 젖병세정제, 젖병용 세척솔을 준비해둔다. 또한 모유를 먹이기 위해 얼려서 가져오는 경우에는 중탕할 수 있는 기기 또는 더운물을 준비한다. 영아의 수유량과 횟수, 수유시 특이 사항 등은 가정에 정확하게 전달될 수 있도록 기록할 수 있는 알림장이나 벽면에 게시판을 활용한다.

② 이유식 및 식사에 필요한 준비물

0~1세의 어린 영아의 경우 아직은 제자리에 앉아서 먹는 것을 어려울 수 있다. 따라서 식판을 끼울 수 있는 이유식 전용 의자나 범보 의자 등을 활용하여 허리를 받치고 어느 정도 고정된 자세를 유지하도록 돕는 것이 좋다. 이 시기의 영아는 스스로 먹으려 시도하며 흉내를 내보고자 하는 의도를 보이지만, 아직은 근육의 자유로운 조절이 어렵고 협응기술이 발달되지 않아 많은 양을 흘리게 된다. 따라서 흐르는 음식이 담길 수 있도록 제작된 턱받이가 필요하다. 영아가 사용하는 숟가락과 포크 역시 실리콘 등으로 제작되어 영아가 사용하기에 위험하

지 않으며 가벼운 것으로 준비해준다.

만 2세가 되면 제자리에 앉아 먹는 것이 가능해지지만, 가정에서의 습관 형성에 따라 영향을 많이 받는다. 대체로 어린이집의 낮은 책상을 활용하여 식탁 용도로 사용하게 되며, 보육실에서 먹는 경우 활동적으로 놀이하는 공간과는 떨어진 곳에 배치하도록 한다. 간식 전후에 소독액을 사용하여 행주로 책상을 깨끗이 닦아 사용한다(보건복지부, 2013). 영아들이 할 수 있는 수준에서 간단히 컵이나 포크 등을 한곳에 모아 정리해 보도록 통을 마련하여 준다.

3) 영아기의 식습관 지도 내용

(1) 0~1세 '즐겁게 먹기'
수유부터 이유식을 완료할 때까지 먹는 것에 대한 즐거움을 느끼고 편안하게 먹을 수 있도록 지도하는 내용을 포함한다.

1수준	2수준	3수준	4수준
편안하게 안겨서 우유(모유)를 먹는다.	이유식에 적응한다.	고형식에 적응한다.	다양한 음식을 먹어본다.
		도구로 음식을 먹어 본다.	

(2) 2세 영아
이 시기의 간식 및 식사 시간은 올바른 식습관을 형성하는 중요한 시기이다. 자율성을 본격적으로 실험하며, 본인의 취향을 강하게 표출하여 좋고 싫음이 뚜렷해지는 때이다. 따라서, 싫어하는 음식을 안 먹으려 할 때, 강요하지 않고 적은 양이라도 맛볼 수 있도록 권하고 교사가 맛있게 먹는 모델을 보이는 것이 좋다. 또한 이 시기의 영아들이 먹는 양이 일정하지 않으므로 영아의 먹는 양과 속도를 고려하여 배식해 주어야 하며, 잘 먹지 않을 때에는 먹을 양을 스스로 정하도록 하는 것도 좋다.

스스로 먹을 수는 있으나 아직은 익숙하지 않아 많이 흘리고, 식판에 남은 음식이 없도록 깨끗하게 먹는 것이 어려우므로 교사가 긁어서 숟가락에 모아 주면 영아 스스로 먹을 수 있도록 한다. 2세의 경우 숟가락, 포크나 물컵 등은 영아 스스로 정리할 수 있으므로, 교사는 영아 스스로 정리할 수 있게 지도하며, 점차 교사의 도움을 받아 식판 정리하기, 잔반 정리 등을 한 뒤 스스로 정리하도록 지도한다(근로복지공단, 2010).

만 2세 중반이 되면 이전 시기의 수유 및 이유 경험과 식사환경 및 지도에 따라 식습관이 형성된다. 식습관 발달에 영향을 미치는 주요 요인은 개인적 요인으로 아동의 식욕과 생리적 조건, 심리적인 측면이 있다. 환경적 요인으로는 아동이 식사하는 시간과 공간, 양육자의 지도방법이나 양육 행 동, 패스트푸드와 인스턴트 식품 등의 의존도가 있다.

2세 '바르게 먹기'

건강을 유지하기 위해 음식을 고루 먹고 도구를 사용해 스스로 먹으며 정해진 자리에서 먹는 내용이 포함된다.

1수준	2수준
음식을 골고루 먹는다.	
도구를 사용하여 스스로 먹는다.	
정해진 자리에서 먹는다.	

2. 유아기

1) 유아기의 식습관 발달과 적합한 생활지도

유아기의 식사 행동 발달은 아래 표와 같으며, 이러한 발달 특성을 숙지하여 아동에게 편안한 식습관 지도가 이루어지도록 해야 한다.

연령	발달특징
2세 이후	- 식사 중 흘리지 않고 먹는 영아도 있으나, 대부분은 많이 흘리며 먹는다. - 자율성과 의존성 모두 가지고 있다. - 컵 혹은 그릇을 한쪽 손으로 잡고 마실 수 있다. - 식사준비를 하며 상 차리는 것에 관심을 갖고 도우려 한다.
2세~3세 6개월	- 편식이 자리잡거나 반대로 좋은 식습관이 형성되는 시기이다. - 식사 시 손을 사용하는 능력이 향상된다. - 젓가락질을 시작할 수 있다. - 음식을 잘 씹고 넘기게 된다. - 3세 이후 활동량이 늘며 식욕이 더욱 높아진다.
4세	- 식사예절을 알고 배운다. - 밥을 빨리 먹을 수 있다.
5세	- 식사를 하며 함께 먹는 사람들과 대화를 나누고 이야기를 할 수 있게 된다.

<표> 유아기의 식행동 발달

유아기에 형성되는 기본 생활 습관의 종류는 영아기와 크게 다르지 않다. 다만

영아기에 비해 보다 세련되고 안정된 기본 생활습관을 형성하는 시기로, 영아기 때 이루어진 기본 생활 습관 지도가 일관적으로 잘 연계되도록 함으로써 안정된 습관으로 형성되는 것이 무엇보다 중요하다.

아동들은 대개 만 3~4세 경이 되면 거의 온전하게 혼자 식사를 할 수 있게 된다. 하지만 이때도 식사 방법에 완전히 익숙한 것은 아니므로 식습관에 대한 지도는 계속해서 이루어져야 한다. 이 시기에 부모나 교사는 음식에 대한 지나친 강요, 걱정, 간섭을 하거나 유아의 과오나 실수를 지적하지 않도록 주의한다.

(1) 연령별 지도의 중점

3~4세에는 식사량이 어느 정도 일정해짐에 따라 교사는 평소 아동의 먹는 양을 관찰하여 평균적인 1회양을 담아 준 후에, 원할 경우 더 추가하여 먹을 수 있도록 안내해준다. 여분의 음식은 아동이 조금씩 덜어 먹을 수 있도록 반찬에 따라 적합한 도구(예: 소형 국자 등)을 준비한다. 아동이 스스로 먹을 수 있는 나이이지만 젓가락 사용의 경우 개인차가 있으므로, 아직 능숙하지 않은 아동에게는 서둘러서 지도하지 않는다. 식사를 깨끗하게 마무리하며 먹는 것이 어려운 아동에게는 교사가 남은 음식을 긁어서 모아주는 등 개별적 도움을 준다.

5세의 경우 학기 초에는 유아가 식판과 숟가락 포크를 챙기면 교사가 배식을 하고, 점차 유아가 자율 배식을 할 수 있도록 지도한다. 학기 초에 사용하던 포크는 중반기 이후 젓가락질에 익숙해지도록 수·조작 영역에 연습용 젓가락을 제공해 주고 점차 젓가락을 함께 사용할 수 있도록 도와준다.

2) 유아기 발달적 특성을 반영한 환경구성

아동의 연령이 증가함에 따라 점차 스스로 할 수 있는 부분을 늘려갈 수 있다. 즉, 3세의 경우 잔반 모으는 칸 또는 별도의 그릇에 자신이 남긴 반찬들을 정리하고 식판을 정리해보도록 환경을 구성해준다. 4세는 기본 배식은 교사가 해주되, 추가로 덜어먹는 과정은 직접 해보도록 안내해준다. 5세의 경우 대개 이 모든 과정을 스스로 할 수 있으나 국물 종류나 뜨거운 음식은 교사가 별도로 도와줄 필요가 있다. 또, 모든 연령에 공통적으로 아동의 손이 닿는 곳에 티슈통을 여러 개 놓아주어 흘리거나 입주변에 묻은 음식을 닦을 수 있도록 해준다.

3) 유아기의 식습관 지도 내용

지도내용
• 음식을 먹기 전에 손 씻기 • 음식을 먹기 전에 감사하는 마음을 표현하고 인사하기 • 음식을 기쁘고 즐거운 마음으로 먹기 • 음식을 골고루 먹기 • 음식을 천천히 꼭꼭 씹어 먹기 • 음식을 들고 돌아다니지 않고, 제자리에 앉아서 먹기 • 적당량의 음식을 입에 넣기 • 음식을 깨끗이 먹기 • 음식을 먹은 후 이 닦기

<사진> 만 3세 아동들의 식사모습

3. 영유아기 식습관 지도 시 고려할 점

1) 식습관 지도의 원칙

식습관 지도 시 중요한 원칙은 성인의 편의나 관점이 아닌 영아의 신체적·심리적인 특성이 고려된 지도가 이루어져야 한다는 점이다. 영아기에는 남을 배려하거나 규칙을 지키는 것보다는 적절한 양과 편안한 분위기에서 식사하도록 지도하고 적절한 도구를 사용하여 식사하도록 하는 것이 중요하다. 식사는 즐겁고 편안한 분위기에서 지나치게 간섭하거나 강요하지 않고 진행해야 하며, 성인이 스스로 바른 식사 습관을 보여주어 고른 음식 섭취를 할 수 있도록 지도한다.

예를 들어, 가정에서 부모님이 텔레비전을 시청하면서 식사를 하게 되면 영아들은 식사에 집중하기 어렵고 돌아다니면서 식사를 하는 바르지 않은 습관을 형성할 수도 있다.

또한, 음식의 양을 적절히 제공해 주는 것이 중요하다. 영아의 소화력은 제한적임을 고려해 소량으로 여러 번 나누어 제공해 주어야 하고, 영아가 좋아하면서 소화가 잘되는 방법으로 조리해 주어야 한다. 왜냐하면 영아들은 음식의 형태나 크기, 식감 등에 따라 음식을 싫어할 수 있기 때문에 좋아하는 형태로 음식을 제공하여 식사가 즐거운 것이라는 인식을 줄 필요가 있다.

간은 싱겁게 조리하고, 부드럽게 조리된 음식을 다양하고 골고루 먹을 수 있게 제공하고 매운 음식과 짠 음식, 달거나 기름진 음식은 제한하는 것이 좋다. 이 시기에 자칫 성인이 먹는 음식을 그대로 먹도록 허용할 경우, 빠른 시간 내에 짜고 자극적인 맛에 익숙해지고 이를 계속 추구할 위험이 높아진다. 다양한 음식을 접하지 못하면 편식 습관을 갖게 될 수 있기에 저자극의 음식을 제공해 주어야 한다.

새로운 음식을 억지로 먹이려 할 경우 스트레스로 인해 편식이 조장될 수도 있다. 새로운 음식을 제공해 줄 때는 적은 양으로부터 시작하며, 아동에게 익숙한 음식과 곁들여 함께 줌으로써 서서히 친숙해지도록 돕는다. 영아의 식욕은 건강과 기분에 따라 변화가 크기 때문에 민감하게 파악하여 유동적으로 제공해 줄 필요가 있다.

또한 영아는 소근육 발달이 미숙함을 고려하여 적절한 크기의 수저와 포크 등 식사 도구를 제공해 주는 것이 필요하다. 식사를 흥미롭게 해주기 위해 영아가 좋아하는 캐릭터나 모양이 있는 도구를 사용하는 것도 좋다.

2) 바람직한 지도의 방향과 유의점

영유아는 연령이 높아짐에 따라 식사와 관련된 경험이 많아지면서, 신체 및 소화기능을 발달시키게 된다. 교사는 아동의 발달 수준과 건강 상태 등을 고려하여 가급적 개별적으로, 융통성 있게 지도하는 것이 바람직하다. 성인들이 계절이나 날씨, 그날의 기분 등에 따라 음식을 먹고 싶은 생각이 들기도 하며 때로는 그렇지 않은 것과 마찬가지로, 어린 아동들의 식욕 역시 상황에 따라 쉽게 변할 수 있다는 점을 이해해 주는 태도를 보여주어야 한다. 또한 식사나 간식을 강요하는 것은 영양을 고려한 이유라 해도 아동의 권리를 침해하는 행위에 해당한다는 점에서 심각한 문제를 초래할 수 있다.

음식을 준비하고 제공하는 과정에 아동이 선호하는 재료 및 방식을 적용하는 것은 식사와 관련된 흥미를 높이며 식욕을 북돋운다는 차원에서 긍정적이다. 즉, 같은 메뉴라 하더라도 아동이 좋아하는 형태를 만들어준다면, 적극적으로 관심을 보이며 먹으려는 모습을 보인다. 예를 들어, 오무라이스를 제공할 때에도 케첩의 형태를 별, 하트, 구름 등의 다양한 모양으로 얹어줄 수 있으며, 생야채를 줄 때에도 얇고 기다란 스틱 모양으로 깎아준다면 아동의 호기심과 먹는 재미를 극대화 할 수 있다. ,

아동에게 낯설고 새로운 음식이나 좋아하지 않는 음식을 줄 때는 소량을 제공하되 좋아하는 음식과 함께 제공하여 점차적으로 익숙해지게 하는 방법이 적절하다. 또한 먹기 싫어하는 재료의 경우, 텃밭에서 직접 재배하거나 직접 교사나 또래와 함께 요리하는 경험을 통해 음식과 좀더 친숙해질 수 있는 기회를 제공하는 것이 효과적이다.

아동의 곁에서 함께 식사를 하는 성인이 올바른 식습관의 모델이 되어 주는 것은 항상 중요한 요인이 된다. 즉, 교사나 부모가 여러 가지 음식을 골고루 잘 먹고 즐겁게 식사하는 모습을 보여주는 것은 다른 어떤 자극보다 식습관 지도에 효과적이다.

영유아기 아동은 리듬감을 느끼며 즐거워하는 특성이 있으므로, 음식을 입에 넣고 꼭꼭 씹어 먹으면서 식감을 느껴볼 수 있도록 하여 식사에 대한 흥미를 유도해주는 방법도 유용하다.

다른 기본생활습관의 측면과 마찬가지로, 식습관 역시 가정과 연계하여 일관성 있게 지도하는 것은 아무리 강조해도 지나치지 않다. 골고루 먹는 습관과 바르게 앉아서 먹는 태도 등에 대해 가정과 기관이 동일한 기준을 적용한다면 영유아는 안정된 분위기 속에서 습관을 형성함과 동시에 비교적 빠른 시간 내에 바람직한 방식으로 습관이 자리잡게 된다.

마지막으로, 무엇보다 아동의 식사시간은 즐거운 경험이 되도록 하는 것이 핵심이라 할 수 있다. 성인들도 식사 약속을 만들고 지인들과 음식을 나누어 먹으며 그저 먹는 것에 목적을 두기보다는 서로 교감하며 대화를 나누는 경험을 곁들임으로써 즐거운 시간을 공유한다. 이것은 식습관과 동시에 사회성을 기르는 영유아 시기에도 동일하게 적용될 수 있다.

한편, 식사시간에 다른 아동들에 비해 속도가 느려 늦게까지 다 먹지 못하거나 스스로 못먹는 음식이 많다는 것을 의식하게 되면, 유아기 자아존중감 및 자기효능감 형성에 부정적 영향을 미칠 수 있다. 이러한 경험이 누적되면 식사시간에 대한 거부감을 심어 주게 되므로, 더욱 소극적으로 식사에 임하게 할 수 있다. 따라서 기본적으로 제공되는 식사량, 음식의 종류, 조리법 등을 아동에게 적절하게 맞추어 식사시간을 통해 성공감을 느끼도록 돕고 무엇보다 긍정적이고 즐거운 식사시간이 되도록 도와주는 것이 필요하다.

< 한계를 효과적으로 말해주는 방법 >

- 자연스럽게 말하되 영유아가 해야 할 행동은 구체적이고 짧게 말한다.
- 추상적인 표현은 피한다.
- 영유아가 해야 하는 행동을 긍정어로 말하고 바로 말한다.
- 영유아가 스스로 결정할 수 있도록 선택의 범위를 제안한다.
- 영유아가 선택할 수 없는 상황에서는 선택의 기회를 피한다.

[관련 기사 보기]

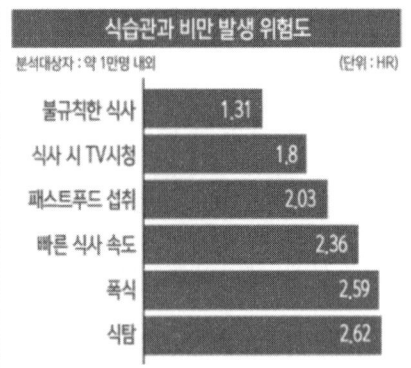

국민건강보험공단 비만관리대책 연구팀은 2007년부터 2013년까지 검진에 참여한 영유아 약 220만명 중 2회 이상 검진에 참여한 135만 여명의 자료를 이용해 식습관과 아동의 비만 발생 간의 인과관계를 분석했다. 불규칙한 식사, 패스트푸드 섭취, 폭식, 편식 등 바람직하지 못한 식생활도 비만을 발생시켰다.

54~60개월에 조사된 식습관 항목 중 불규칙한 식사를 하는 아동은 1.31배(31% 증가), 식사시 TV 시청을 하는 아동의 경우 1.80배(80% 증가), 패스트푸드를 섭취하는 아동의 경우 2.03배, 빠른 속도로 식사를 하는 경우에는 2.36배 비만 발생 위험도가 증가했다.

편식도 비만 위험도를 높였다. 편식은 2번(42~48개월, 54~60개월) 조사했는데 편식을 하지 않는 유아에 비해 2번의 조사기간 동안 1번 편식한다고 응답한 아동의 비만 발생 위험도는 1.24배, 2번 모두 편식한다고 응답한 아동의 비만 발생 위험도는 1.57배나 높았다.

특히 기름진 음식을 좋아하고 야채를 싫어하는 아동의 경우 그렇지 않은 아동의 경우보다 2.15배나 비만 발생 위험도가 높았다.

(출처: 한강타임즈 2015년 12월 1일자 보도)

2 배변 지도

1. 영아기

1) 영아기의 배변 습관 발달에 적합한 생활지도

영아는 18~24개월 사이가 되면 방광과 항문의 괄약근을 조절할 수 있는 능력이 형성되기 시작된다. 이 시기의 영아들은 대소변에 대한 의사가 분명해지고 변기에 관심을 갖기 시작하며, 언어적 표현이나 행동적인 표현이 가능해지므로 배변 활동이 가능해진다. 개인차를 충분히 고려하여 배변 활동을 진행하면 빨리, 쉽게 진행할 수 있게 된다.

배변 훈련 준비가 이루어지지 않은 상태에서 성인의 조급한 마음으로 강요하거나 서둘러 진행하게 되면 스트레스로 작용하여 퇴행을 보이거나 정신적, 성격적으로 손상을 입을 수 있으므로 따뜻한 격려와 자연스러운 접근을 통해 배변 활동을 진행하는 것이 좋다. 또한, 잘하던 영아들이 실수를 하는 경우 이를 비난하거나 염려할 것이 아니라 심리적·환경적 변화에 따라 민감하게 반응할 수 있다는 것을 인정해 주는 것이 필요하다. 다음의 표는 월령에 따른 영아의 배변 습관 발달 단계이다.

월령	배변 습관 발달 단계
0~6개월	• 6개월까지는 영아는 방광에 소변이 쌓이면 반사적으로 소변을 배설하지만, 소변 보는 간격이 점차 1~2시간 정도로 길어짐.
6~10개월	• 방광이 커져 소변을 참을 수 있게 됨.

10~18개월	• 신경 및 뇌가 발달하여 방광의 감각을 느끼게 됨. • 배변 의사를 표현하고 걸을 수 있어 대소변 활동을 준비할 수 있는 시기이나 거부할 수 있음.
18~24개월	• 방광의 크기가 커져서 보다 많은 양의 소변을 모을 수 있음. • 대변이 나오는 느낌을 알 수 있어 배변 활동을 시작할 수 있는 적절한 시기임.

<표> 시기에 따른 배변의 발달

2) 발달 단계에 따른 배변과 교사 역할

① 영아반에서의 기저귀 갈기

기저귀를 갈 때에는 기저귀를 교환하는 그 과정 자체 뿐 아니라, 영아와 개별적인 정서 교류가 일어날 수 있도록 언어적, 비언어적으로 격려하는 상호작용을 해주도록 한다. 배변은 영아에게 있어 매우 기본적인 욕구이자 성공감, 뿌듯함을 느낄 수 있는 경험이다. 따라서 교사는 이를 불쾌한 과정으로 느끼지 않도록 주의할 필요가 있다. 또한, 기저귀 갈기의 과정이 위생적으로 이루어지고 유지될 수 있도록 항상 세심하게 관리하도록 한다. 기저귀 갈이 전후 반드시 손을 깨끗이 씻음으로써 분변 접촉으로 인한 세균 감염이 일어나지 않도록 주의해야 한다. 단, 여러 영아들의 기저귀를 연속적으로 갈아주는 경우, 매번 손을 씻기 어려운 상황이라면 손 세정제를 사용할 수 있다. 이 때 반드시 각 영아의 기저귀를 갈아 줄 때마다 손을 소독해야 하고, 기저귀 갈이대 역시 매번 소독액을 뿌려 닦아야 하며, 모든 영아들의 기저귀를 다 갈고 난 후에는 반드시 손을 씻어야 한다(보건복지부 한국보육진흥원, 2018).

② 배변 훈련 지도

배변 훈련은 18~24개월 정도에 시작할 수 있으나, 일반적인 월령보다는 개인적인 발달이나 성격 특성에 따라 배변 훈련 준비가 늦게 이루어지는 경우가 있으므로, 아직 시작할 준비가 되지 않은 영아에게 배변 훈련을 강요하지 않도록 주의해야 한다. 신체적으로는 항문과 요도의 괄약근 조절이 가능해지면서 소변을 보는 간격이 어느 정도 일정해지고, 스스로 배변 욕구나 의사를 표현할 수 있게 되면 가능하다고 본다. 그러므로 교사는 평상시 영아들의 배변 간격이나 배변 관련 신체적·언어적 신호를 예민하게 관찰하고 파악하도록 한다. 배변 훈련을 하는 과정에서 가정과 기관 간의 환경적인 차이나 심리적인 변화로 인해 실수를 할 수도 있고 퇴행 현상이 나타나는 경우도 있다. 교사는 이러한 점에 유의하여, 기다려주는 자세로 영아를 격려해주면서 배변 훈련을 지도해야 한다.

③ 유아반에서의 화장실 사용 지도

유아반의 경우, 하루 일과 중 교사의 안내에 따라 화장실 가는 시간 이외에도 개별적으로 화장실에 가도록 안내하며, 3~4세 아동은 화장실에 갈 때 교사에게 이야기하고 가도록 지도한다. 아울러 소변을 실수한 경우나 대변을 본 경우 교사에게 도움을 요청하도록 안내한다. 특히 대변은 아동 스스로 처리하기 어려우므로 반드시 사전에 교사에게 알린 후 가도록 지도한다. 5세의 경우는 대변 후 스스로 처리할 수 있는 아동도 있으나, 아직 처리가 미숙할 수 있기 때문에 교사가 먼저 휴지나 물휴지로 닦아 준 후 스스로 휴지로 닦도록 지도한다. 이후 점차 휴지로 닦을 수 있게 되면, 유아가 먼저 처리한 뒤 교사가 마무리하며 확인해 준다.

3) 영아의 배변훈련을 위한 환경구성

화장실은 위생적이고 안전하며 영아에게 친근감을 줄 수 있는 환경이 되도록 구성한다. 영아 들이 사용하기 적당한 크기의 세면대와 사용하기 편한 위치에 물비누, 수건(종이 타월) 등을 배치해야 한다, 화장실 바닥은 미끄럼 방지 처리를 하며, 변기에는 배변을 하며 변기를 사용하는 방법, 세면대에는 손 씻는 순서와 방법 등이 그림으로 안내될 수 있도록 구성한다. 비누를 통해 영아들 간 세균에 감염이 되기 쉬우므로 가능한 한 물비누를 사용하는 것이 바람직하며, 개인 수건이나 종이 타월을 사용하여 위생적으로 청결하게 유지되도록 한다(보건복지부, 2014). 만약 수건을 공동으로 사용하는 경우는 젖은 즉시 교체해 주어야 한다.

(1) 0~1세: 기저귀 갈이 영역

기저귀 갈이 영역은 0~1세 반에 반드시 있어야 하는 영역으로, 입식 기저귀 갈이대 또는 좌식 기저귀 갈이대나 기저귀 갈이용 매트를 사용할 수 있다. 기저귀 갈이대는 영아를 눕히기에 적당한 크기로서 청소하기 쉬운 마감재(인조 가죽 등)의 매트를 사용한다. 입식 기저귀 갈이대의 경우 영아가 떨어지는 것을 방지하기 위해 매트에 안전 테두리를 하는 것이 바람직하며, 좌식 기저귀 매트가 이동식인 경우 영·유아들이 밟지 않는 곳에 보관하도록 한다.

(2) 2세: 화장실

2세 반의 경우 기저귀를 사용하는 영아와 배변 훈련 중인 영아, 배변 훈련이 끝

난 영아가 함께 생활하므로 배변 훈련 단계에 따라 필요한 환경 구성을 중복하여 구성하며, 영아들이 자연스럽게 배변 훈련을 마칠 수 있도록 환경을 구성해야 한다.

4) 배변훈련의 내용

0~1세 '배변의사를 표현한다.'

● 수시로 영아의 기저귀가 젖었는지를 확인하고 울음과 표정 등의 비언어적 단서를 통해 영아의 배변하는 욕구를 잘 관찰하는 것이 중요하다.

2세 '정해진 곳에서 배변한다.', '화장실에서 배변한다'

● 아기변기를 정해진 곳에 두고 이에 대해 흥미를 갖고 시도하는 것부터 시작한다.

● 영아가 거부한다면 수용해 주고 기다려 주어서 급하게 서두르지 않는 것이 중요하다.

5) 영아기 배변 훈련의 지도방법

배변 습관 지도에서 중요하게 다루어져야 하는 것은 대소변을 가릴 수 있도록 활동을 하는 것이다. 활동 시기는 대략 18~24개월 사이가 적절하지만 개인차를 고려하여 적정 시기는 주 양육자가 올바르게 판단하여야 한다.

영아가 혼자 설 수 있고, 변기에 관심을 갖기 시작하며, 대소변에 대한 의사가 분명해지면서 욕구를 표현할 수 있고, 소변 간격이 2시간 이상 되면 배변 활동을 할 수 있는 적절한 시기이다. 적절한 시기가 되면 단계를 거쳐 활동을 실시하고 지도해야 한다.

단계	활동 내용
1단계 언어적 표현 알려주기	• '응가', '쉬'와 같이 대변과 소변을 칭하는 말을 알려주어 영아가 대소변 욕구를 느낄 때 언어로 표현하게 함.
2단계 변기와 친해지기	• 영아의 신체 크기에 맞는 유아용 변기를 이용하여 장난감처럼 편안하고 친숙해 지도록 함.
3단계 모델 제공하기	• 인형 등을 활용하여 변기에서 소변이나 대변을 보는 모델을 보여 주거나 배변 활동과 관련된 동화책을 읽어 줌.
4단계 시행하기	• 영아의 배변 리듬을 파악하여 하루에 3~4번 규칙적으로 같은 시간에 변기에 앉아서 대소변을 보게 함. • 영아가 성공하면 칭찬을 하고, 성공하지 못한 경우에도 잘하도록 격려해 줌. • 혼을 내거나 강요하지 않아야 함.

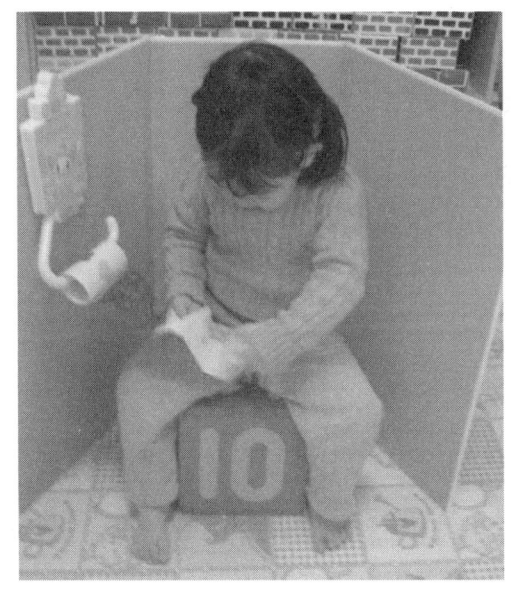 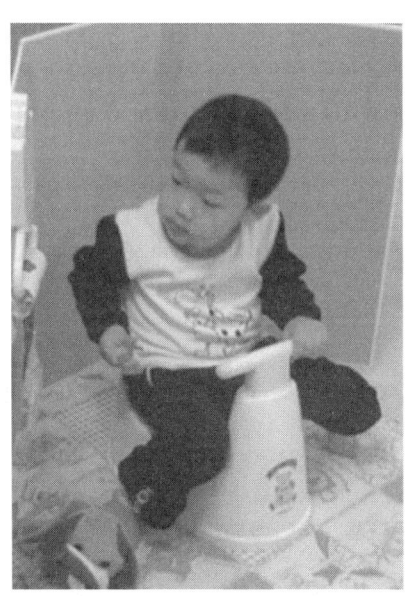

<사진> 영아들의 배변 관련 활동

<그림> 화장실 사용 순서표

6) 배변 습관 지도 시 주의할 점

배변 습관 지도시 영아의 신체적 특성 및 정서 상태를 고려하여야 하며, 그 원칙을 제시하면 다음과 같다.

첫째, 서두르거나 강요하지 않아야 한다.

교사가 재촉하는 상황에서 영아는 변기 사용을 거부할 수 있기 때문에 편안한 분위기에서 자연스럽게 적용한다.

둘째, 실수에 대해 관대하게 대해야 한다.

아직 미숙한 영아들은 실수를 자주 하게 된다. 이 때 나무라거나 수치심을 주지 않도록 주의한다. 다른 아동들의 눈에 띄지 않게 처리해주며 괜찮다고 격려해 주어야 한다.

셋째, 영아의 배변 욕구를 잘 살펴야 한다.

영아의 경우 놀이에 몰두하여 실수할 수 있으므로, 영아들을 관찰하여 표정이나 행동의 변화를 감지하고 화장실에 다녀와서 놀 수 있게 한다. 예를 들어, 갑자기 표정이 굳어지거나 다리를 꼬는 등의 행동을 통해 배변 욕구를 표현하기도 하는데, 이때 즉시 화장실로 갈 수 있도록 지도할 필요가 있다.

넷째, 규칙적으로 화장실을 갈 수 있게 지도해야 한다.

영아들은 활동 전후, 낮잠 및 외출 전후 규칙적으로 화장실에 가는 것을 계획할 필요가 있다.

다섯째, 영아들의 실수를 줄이기 위해 허리 부분이 고무줄로 된 바지 등 영아 스스로 입고 벗기 편한 옷을 입혀준다.

여섯째, 화장실 변기, 휴지 등의 사용 방법과 손 씻기 등의 청결 습관에 대해서 지도한다.

영아의 배변 활동은 동생의 탄생 및 부모의 갈등 상황 등 가정환경의 변화에 민감하게 반응할 수 있다는 사실을 인식할 필요가 있다. 예를 들어, 배변조절을 잘 하던 유아도 동생의 출생, 환경의 급격한 변화, 사고 등의 외상 후 스트레스 등으로 유뇨증을 나타낼 수 있다. 아울러, 배변훈련이 끝난 뒤에도 아동의 청결 및 위생과 관련하여 지속적으로 배변지도를 할 필요가 있다

2. 유아기

1) 유아기 배변 행동에 대한 이해

대개 유아는 만 2세가 지나면 배변을 가리게 된다. 그러나 이러한 배변 습관이 유아기 초기까지도 완전한 것은 아니므로 만 2세 전후에 시작되는 배변 습관 지도는 유아기에도 계속 이루어져야 한다.

배변 습관은 매일의 생활 속에서 규칙적인 지도와 함께 관련된 동화나 이야기 나누기, 토의 등과 같은 다양한 활동을 통해서 아동 스스로 이해하고 문제를 해결해 나가도록 지도하는 것이 필요하다.

지도 내용
• 화장실 깨끗이 사용하기 • 화장실에 있는 용기의 정확한 사용법 익히기 • 휴지를 아껴 쓰고 사용 후에는 지정된 곳에 버리기 • 규칙적으로 대소변을 보는 습관 기르기 • 배변 후 반드시 손 씻기

유아의 경우 하루 일과 중 교사에 의해 계획된 화장실 가는 시간 이외에도 개인적으로 화장실에 가도록 하며, 3~4세의 경우 화장실에 갈 때 교사에게 이야기하고 가도록 한다. 아울러 소변을 실수한 경우나 대변을 본 경우 교사에게 도움을 요청하도록 지도한다. 특히 대변을 보러 가는 경우 혼자 처리하기 어려우므로 반드시 교사에게 이야기하고 가도록 지도한다.

5세의 경우는 대변 후 스스로 처리할 수 있기는 하지만 아직 처리가 미숙하므로, 교사가 먼저 휴지나 물휴지로 닦아 준 후 스스로 휴지로 닦도록 지도한다. 이후 점차 휴지로 닦는 것에 익숙해지면 유아가 먼저 닦아 보도록 한 뒤 교사가 마무리해 주며, 유아가 잘 닦았는지를 확인한다. 유아가 익숙하게 잘 닦게 되면 2학기 말에는 스스로 대변 뒤처리를 할 수 있도록 지도한다.

2) 유아기 화장실 사용을 위한 환경

3세 이상의 유아들은 스스로 화장실을 이용할 수 있게 된다. 화장실 내 손 씻기 순서도 및 이 닦기 방법 등을 게시하여 손 씻기나 이 닦기 순서를 잘 알고 실천하도록 한다. 유아의 경우 성에 대한 호기심이 높아지는 시기이므로 자신의 몸과 타인의 몸을 소중하게 생각할 수 있도록 환경을 구성해 주는 것이 필요하다. 따라서 남녀 아동이 공동으로 화장실을 사용하는 경우 서로를 구분하고 가릴 수 있는 장치(가림막, 커튼 등)을 설치한다. 또한 바닥에는 반드시 미끄럼 방지 타일이나 깔개를 깔아주도록 한다.

3) 구체적 지도 내용

3세 '스스로 화장실에서 배변한다'

4세 '바른 배변 습관을 가진다.'

5세 '규칙적인 배변 습관을 가진다.'

- 놀이 중에도 용변을 참지 않고 스스로 화장실에 간다.
- 스스로 뒤처리를 해본다.
- 화장실을 깨끗하게 사용한다.

3 낮잠 및 휴식

1. 영유아기 발달과 수면

수면은 활동 시간 동안 사용했던 우리의 뇌에 있는 신경세포들을 다시 정리해준다. 또한, 섭취한 음식물을 소화·흡수하는 과정 역시 많은 에너지를 소모하기 때문에 모든 사람들은 육체적 정신적 피로를 회복하고 건강을 유지하기 위해서 적정한 시간과 양질의 수면이 필요하다. 만 1~2세 영아들은 12~14시간, 만 2~5세 유아들은 10~12시간, 만 5세 이상 아동들의 경우 10시간 이상의 수면이 필요하다. 또한 활동량이 많은 아동은 건강과 성장을 위해서 야간 수면과 함께 1일 1회 이상의 낮잠을 자는 것이 좋다.

대사활동이 왕성하고 활동량이 많은 아동들은 적절한 야간 수면은 물론, 낮잠을 통해 피로를 풀어야 한다. 수면시간이 부족한 아동은 집중력 부족, 성격이상, 성장발달 저하 그리고 질병발생 등의 문제를 초래하기 때문에 충분한 휴식은 아동의 건강에 있어 기초가 된다.

수면을 통해 쌓인 피로를 해소하고 에너지를 충전하는 것은 활동량이 많은 아동의 건강유지에 매우 중요하다. 수면 패턴과 수면량, 수면습관이 각 아동마다 다르므로 평소 아동들의 수면 상황을 교사가 직접 관찰하고 보호자와의 의사소통을 통해 정확히 파악하여 가급적 가정과 유사한 환경을 제공해주어야 한다.

2. 영아기

1) 영아기 수면 습관 지도에 대한 기본 이해

영아의 수면은 가정에서의 생활, 어린이집에서의 생활, 영아의 신체 및 정서 상태 등에 영향을 받을 수 있으므로, 교사는 영아의 환경과 특성을 고려하여 수면 습관 지도를 해야 한다.

영아는 생후 4개월이 되면 중추 신경계가 성숙되어 수면 시간을 연장시킬 수 있다. 따라서 낮에 각성되고 밤에 수면이 이루어지게 되며, 성장하면서 좀 더 규칙적인 수면 습관을 갖게 된다.

다음의 표는 월령에 따른 영아의 수면 습관 발달 단계이다.

월령	수면 습관 발달 단계
생후 1주	•수유 시간 외에는 낮잠을 포함하여 하루 기준 18~20시간 잠을 잠.
6개월	•하루에 약 14~16시간 자며 밤낮을 구별하게 되면서 주로 밤에 12시간 정도 수면함.
12개월	•하루에 12~14시간 정도 수면함. •밤에 자다가 깨는 일이 줄어들고, 낮 시간 동안 두세 번 낮잠을 잠. •규칙적인 수면 리듬을 형성하도록 매일 같은 시간에 잠을 재워야 함.
24개월	•하루 낮잠 1회, 총 10~12시간 잠을 잠. •영아에 따라 낮잠을 자지 않는 경우도 있으나, 짧게라도 자도록 권유.

<표> 월령에 따른 수면의 발달

3) 수면 습관 지도 내용 및 방법

수면 습관 지도에서 중요하게 다루어져야 하는 것은 일정한 시간에 수면하고, 충분한 시간 동안 숙면을 하는 것이다. 영아의 건강한 생활 리듬을 위해서 필요한 기본적인 수면 습관 지도 내용은 다음과 같다.

지도 내용
• 규칙적인 수면 리듬을 갖고 일정한 시간에 자고 일어남. • 잠투정을 하지 않도록 함. • 자기 전에 음식물을 먹지 않음. • 자기 전에 대소변을 보고, 양치질 및 세수함. • 벗은 옷과 침구를 스스로 정리할 수 있도록 함.

0~1세 '수면을 충분히 취한다.' '편안하게 쉰다.'

● 신체나 음률활동이 아니라면 불필요한 음악은 틀지 않고 아동이 교사나 또래의 목소리, 교실 밖에서 들을 수 있는 자연의 소리에 집중하도록 하는 것이 바람직하다.

2세 '일과에 따라 규칙적으로 잠을 잔다.' '정해진 시간에 알맞게 휴식한다.'

● 영아가 일과에 따라 규칙적으로 잠을 자기 위해서는 각 영아의 가정에서 수면습관에 대하여 파악하여 이에 맞출 수 있는 방법을 모색한다.

이러한 수면 습관은 매일매일 편안한 환경 속에서 지속적으로 지도되어야 한다. 특히 가정에서는 일정한 시간에 안정적이고 편안한 분위기에서 규칙적인 수면이 이루어지도록 해야 한다. 간혹 영아가 늦게 자려고 한다거나 불규칙적인 수면 습관으로 어려움을 호소하는 부모들이 있는데 이는 영아가 잘 수 있는 분위기가 갖추어 있지 않아서일 때가 많다. 부모는 영아의 특성을 잘 파악하여 조용하고 조도가 낮은 분위기를 조성하여 수면이 이루어 질 수 있도록 해야 한다.

어린이집에서는 가정과 다른 분위기로 인해 처음부터 편안한 수면을 어려워하는 경우가 있다. 이에 교사는 영아가 편안한 수면을 하기까지 적응 기간이 필요하다는 것을 이해하고 안락한 분위기를 제공하는데 초점을 맞추어야 한다.

어린이집에서 수면 습관 지도 시 주의해야 할 원칙을 제시하면 다음과 같다.

① 가정에서의 수면 패턴을 파악한다.

예를 들어, 영아가 손을 빨고 자는 것은 좋은 습관이 아니지만 처음부터 기관에서 무조건 금지를 하는 것은 영아를 불안하게 만드는 요인이 된다. 또한, 양육자에게 안겨 수면을 하던 영아가 기관에 와서 개별 이불에서 수면을 하는 것은 낯설고 두려운 상황일 수 있다. 이 경우 영아는 수면을 거부하며 울음으로 감정을 표현하기도 한다. 이에 교사는 가정과 동일하게 할 수는 없지만 안아서 재워주거나 토닥거려 재워주는 것이 좋다.

즉 교사는 가 정에서 가족 및 영아의 수면 습관, 수면 시간, 생활 리듬 등을 파악하여 기관에서의 수면 지도와 연계되도록 해야 한다.

② 균형 있는 일과와 규칙적인 취침 시간을 제공해야 한다.

영아의 숙면을 위해서는 깨어있는 시간 동안 충분한 놀이를 하도록 해줌과 동시에, 하루 일과를 균형 있게 제공하고 규칙적인 낮잠 및 밤잠 시간을 제공해주어야 한다. 특히 어린이집에서는 점심, 양치질, 실내외 자유 놀이, 낮잠 등의 순서로 일괄적이고 규칙적인 순서가 있어야 하며 영아가 다음 순서를 예측 가능하게 해주어야 한다.

또한, 실내 활동만으로 하루 일과를 진행할 경우 영아가 활동량이 적어 수면이 더욱 어려울 수도 있으므로 오전 일과에서 실내외 활동을 균형 있게 배치하고 영아들이 신체 움직임을 충분하게 하여 건강한 수면을 이룰 수 있도록 배려해야 한다.

③ 아늑한 환경을 마련해 주어야 한다.

영아는 주변 환경에 민감하게 반응하므로 햇빛과 소음을 차단하고 실내온도는 18~23℃ 정도로 유지하는 등 수면을 위한 아늑한 환경을 마련해 주어야 한다. 너무 밝거나 어두우면 낮잠을 자기에 어려움이 있고, 특히 기관에서 외부 소음 및 아동들의 활동 소리에 민감하게 반응하는 경우가 있다.

이에 교사는 커튼으로 빛과 소음을 차단하거나 다른 반과의 일과 조율을 통해 영아들이 양질의 수면을 이룰 수 있도록 해야 한다.

④ 수면을 도울 수 있는 조용한 음악 혹은 이야기를 들려준다.

너무 피곤하거나 흥분되어 있는 경우 영아는 자고 싶어도 쉽게 잠들지 못할 수 있다. 따라서 일과 운영 계획을 할 때 낮잠 시간 전에는 차분한 활동을 계획하고 자기 전에 영아의 마음을 가라앉힐 수 있도록 돕는다. 교사는 영아가 편안한 상태에서 잠들 수 있도록 동화나 음악을 들려주고, 자지 않으려는 영아에게 잠자는 것을 강요하지 않아야 한다.

가정에서와는 달리, 정해진 일과 규칙에 따라 동일한 시간에 수면하고 일어나야 하는 어린이집의 상황을 힘들어 하는 영아가 있다. 특히 수면 시간이 짧은 영아를 억지로 누워있게 하는 것은 적절하지 않으므로 일찍 일어난 영아는 교사 곁에서 조용한 놀이를 하게 하거나 동화책을 보며 친구들이 일어나는 시간을 기다리게 해주는 것이 좋다.

3. 유아기

유아의 수면 습관은 건강과 밀접한 관계를 가지고 있다. 잠을 깊게 자지 못하면 다양한 신체적 증상이 유발될 수 있으며 이로 인해 발육상의 문제를 가져오기 쉽다. 따라서 유아가 숙면을 취하는 습관을 갖도록 해야 하며 이를 위해 주위 여건을 조성해야 한다. 어린이집에서는 올바른 수면 습관 지도에 관한 자료를 부모와 공유하여 가정에서도 지속적으로 이에 대한 지도가 이루어지도록 한다.

유아의 성장과 발달은 급격하게 이루어지므로 필요한 에너지를 충전하고 긴장감과 피로를 해소하는 낮잠과 휴식을 잘 취하는 것은 유아의 건강에 중요한 역할을 한다. 유아기 낮잠의 경우, 개인차가 있으나 대체로 만 3세경을 기점으로 낮잠을 자는 유아와 그렇지 않은 유아(혹은 거부하는 유아)가 조금씩 구분되는 양상을 보인다. 이것은 가정에서의 수면 시간, 유아 개인의 기질적 특성, 부모의 양육방식 등에 영향을 받으므로 복합적이라 할 수 있다.

낮잠을 자지 않더라도 휴식이 필요함을 인식하고 적절히 휴식을 취할 수 있는 것은 신체건강에서 중요한 습관이므로 이에 대한 지도가 이루어지는 것이 적절하다.

지도 내용

- 잠자리에 들기 전 어른께 인사하기
- 일찍 자고 일찍 일어나며, 매일 8~10시간 정도 계속해서 푹 자기
- 혼자서 자기
- 자기 전에는 음식 먹지 않기
- 자기 전에 용변을 보고 양치질, 세수하기

3~5세 '규칙적으로 잠을 자고, 적당한 휴식을 취한다'

- 실외 놀이나 동적인 활동을 하고 난 후에는 반드시 휴식을 취하게 한다. (3세)

- 휴식의 필요성과 중요성을 알아보고 질병 및 정신적 긴장을 풀기 위해 적절한 휴식을 취하게 한다. (4세)

- 피로하다고 느낄 때 어른에게 알리거나 스스로 적절한 장소를 찾아 휴식을 취하도록 한다. (5세)

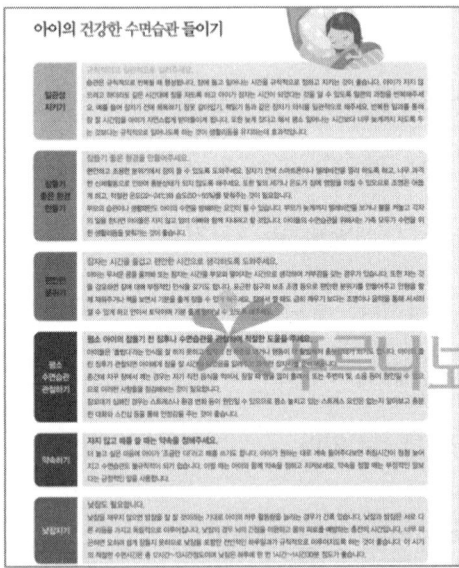

(출처: 푸르니보육지원재단, 푸르니페어런츠, 2세 1월호)

4. 바람직한 지도 방법 및 유의점

1) 낮잠 시간 운영하기

● 낮잠 시간은 하루 일과 운영에 포함이 되어 반복적으로 이루어지도록 한다.

● 낮잠 자기 전의 일과과정을 규칙적으로 실행하여 아동이 그 다음에는 낮잠을 잘 것이라는 것을 예측할 수 있도록 운영한다.

● 식사 직후의 낮잠은 급체를 유발할 수 있기 때문에 서두르지 않고 최소 40분 동안 천천히 진행되도록 한다.

● 낮잠을 자지 않는 유아들을 위한 시간은 휴게시간으로 정하여 일과를 운영하고 필요한 유아의 경우 낮잠을 재울 수 있다.

● 낮잠 자기 전의 일과가 편안하게 이루어지도록 교사의 상호작용은 일관성 있게 다정하고 개별적으로 이루어져야 하며 이러한 교사의 태도가 아동을 행복한 낮잠 시간으로 이끈다.

● 낮잠을 잘 수 있는 분위기를 조성한다. 안정감을 느끼고 편안하게 쉴 수 있도록 아늑한 환경(예: 햇빛과 소음의 차단, 적절한 실내 온도, 애착 인형 등의 제공, 조용한 음악 혹은 동화책 읽어주기 등)을 마련해 준다

2) 낮잠 자기 지도

● 일과 중 아동과 가장 개별적이고 친밀한 대화와 접촉을 나눌 수 있으므로 이 시간을 관계의 긍정성을 높이는 최적의 시간으로 활용한다.

● 아동이 자기 위안을 위하여 담요나 인형, 손수건 등의 애착물을 원하면 허용한다.

● 아동과 오전에 있었던 상황, 기분, 자고 난 이후의 놀이나 활동에 대한 기대감을 가질 수 있는 주제로 개별대화를 나눈다.

● 신체적 접촉은 아동이 원하는 상황과 방식에 맞추어 하며 교사가 일방적으로 아동을 안거나 등을 두드리지 않는다.

● 아동들이 모두 잠들어도 해당 공간을 비워서는 안 되며 아동 옆에서 함께 잠을 자서 아동을 방치하지 않는다. 어린 영아는 수면 무호흡이나 질식의 위험, 고열 등이 발생할 수 있고 유아는 또래 간 장난이나 분쟁으로 사고가 날 수 있기 때문이다.

3) 낮잠 깨기 지도

● 큰 소리나 갑작스러운 환기, 빛으로 깨우지 않는다.

● 먼저 일어난 아동들이 조용한 놀이를 하며 기다릴 수 있도록 지도한다.

- 울며 일어나는 영아나 잠을 깨고 기분이 좋지 않은 유아는 안아 달래주거나 옆에서 지켜보며 기분이 전환될 수 있도록 돕는다.

- 시간이 지나도 잘 일어나지 못하는 아동은 부드럽게 팔, 다리를 주물러 주어 깨도록 유도한다.

- 낮잠 이불이나 매트를 정리할 때 영아의 경우 스스로 하고 싶어 하는 것에 대해 시도하도록 하되 무리하게 매트를 들지 않게 함으로써 안전에 유의한다. 유아는 자신의 이불을 개고 정리하도록 하는데, 잠에서 덜 깨었거나 피곤한 경우 각성이 될 때까지 쉬도록 지도한다.

4) 휴식 지도하기

- 어린이집이나 유치원은 집단생활을 하기 때문에 아동의 긴장감이 높아지고 쉽게 피로할 수 있으므로 아동이 있는 공간에는 놀이 중에도 개별로 조용히 있을 수 있는 사적인 공간을 마련한다. 언어영역에 누울 수 있는 큰 방석과 높이를 낮춘 캐노피를 설치하거나 놀이집 안의 공간이 이에 해당된다.

- 신체활동실이나 실외에서 동적인 놀이를 왕성하게 하였다면 이후 휴식시간을 갖고 쉴 수 있도록 한다.

- 유아의 경우, 자신의 몸과 느낌에 대한 인식을 도와 피로할 경우 언어적으로 표현할 수 있도록 지도한다.

5) 낮잠 지도 시 교사의 유의사항

● 수면습관을 지도할 때는 무엇보다 아동에게 편안하고 안락한 환경을 제공해 주는 것이 중요하다.

4   청결 습관 및 옷 입기 지도

1. 영유아기 청결 습관 지도

청결 습관 지도는 영아가 위생의 필요성을 알고 스스로 위생을 유지하는 데 목적이 있다. 위생은 건강과 직접 연결되기 때문에 중요하며, 특히 이 시기에 길러 주어야 할 위생 습관은 양치질하기, 손발 씻기, 세수하기, 목욕하기 등이 있다. 대부분의 영아는 양치질이나 손 씻기, 세수하기 등을 놀이로 즐겁게 받아들이지만, 간혹 지나치게 씻기 싫어하거나 또는 이와 반대로 지나치게 위생을 유지하려는 영아도 있다. 이에 가정과 어린이집에서는 영아의 특성에 맞는 적절한 지도가 필요하다.

위생 습관을 기르기 위해서는 양치 컵, 칫솔, 영아용 치약, 비누, 수건 등 관련 용품들은 영아의 발달에 적합하면서도 매력적인 것으로 준비해 주고, 교사나 부모가 올바른 모델을 제공하도록 한다.

12개월 이전에는 깨끗한과 더러운 것에 대한 구분을 할 수 없으나, 돌 이후에는 점차 반복되는 일상을 통해서 언제 씻어야 하는지 알게 된다. 따라서 더러운 것을 만졌을 때나 식사 전후로 손을 닦아주는 경험을 통해 물과 친숙해지게 하고, 식후에는 잇몸을 닦아 준다. 규칙적으로 손과 얼굴, 몸을 씻어주어 언제 씻는 것인지를 알려준다면 만 2세 후반에는 외출 후 집에 왔을 때 손 씻기 등은 습관으로 형성될 수 있다. 식사 후나 취침 전에는 영아용 칫솔로 부드럽게 이를 닦아 준다.

만 2세 후반이 되면 씻는 것에 더욱 익숙해지며, 서툴지만 혼자서 양치질을 흉내 내고 조금씩 닦아볼 수 있으며, 손을 씻을 수 있다. 따라서 이 시기에는 스스로 씻는 것을 시도하도록 격려하고 칭찬해 준다.

연령	발달 특징
0~1세	• 손을 자주 입에 넣고 빨기 때문에 관찰할 때마다 손 씻기가 필요하다. • 혼자 손을 씻을 수 없기 때문에 전적으로 성인이 도와야 한다.
2세	• 반복되는 손 씻는 상황을 인식하나 완전한 이해는 어렵다. • 모방하는 행동이 많으므로 바른 손 씻기 모델을 관찰해야 한다. • 소근육 기술이 미숙하여 소매 걷어 올리기, 비눗물 잘 제거하기 등의 과정이 완전하지 않다.
3~5세	• 손을 씻어야 하는 시기를 이해하고 있으나 항상 실천하지 않는다. • 스스로 잘 씻는 습관이 형성된 유아, 그렇지 않은 유아 모두 있다. • 바른 손 씻기 실천을 항상 하는 것은 아니다.

<표> 아동의 손씻기 발달 과정 (출처: 영유아생활지도, 신혜원 외)

연령	발달 특징
0세	• 모유나 조제유가 입 안에 붙어 있기 때문에 성인이 영아의 이와 입 안을 닦아 주어야 한다. • 6개월 무렵 첫니가 나지만 더 일찍 또는 이후에 나는 영아도 있다. • 이가 나며 이잇몸을 하는 경우가 있고 이유 없이 짜증 내기, 씹기, 물기 행동이 나타나기도 한다.
1세	• 입에 물을 잠깐 머금거나 뱉지 못한다. • 치약의 향이 좋으면 빨아 먹으려고 한다. • 스스로 이를 닦기는 어려우나 흉내 내는 놀이로 시도할 때 즐거움을 느낀다. • 성인이 이를 닦아주려 할 때 거부하는 행동이 나타난다.
2세	• 연습을 하면 입에 물을 머금었다 뱉을 수 있다. • 소근육조절이 미숙하여 바른 칫솔질을 하기 어렵다. • 스스로 이 닦기를 하려는 행동을 보이며 성인의 도움을 거부하기도 한다.
3~5세	• 칫솔질을 혼자 할 수 있다. • 바른 칫솔질을 할 때도 있고 그렇지 않을 경우도 있다. • 이를 닦아야 할 때를 알려줄 때 이 닦기를 한다.

<표> 아동의 이닦기 발달 과정 (출처: 영유아생활지도, 신혜원 외)

1) 청결 습관 지도 내용

위생 습관을 지도하기 위해서는 위생을 유지해야 하는 이유와 방법, 필요한 도구의 사용 방법 등에 대해서 교육해야 한다.

지도 내용

- 실외 활동 후, 식사 전후, 용변 후 손을 씻음.
- 식사 후에는 이를 닦음.
- 매일 아침·저녁으로 세수하고, 규칙적으로 샤워나 목욕을 함.
- 칫솔, 치약, 비누 등 청결 도구를 바르게 사용함.
- 휴지를 함부로 버리지 않고, 낙서를 하지 않아 주변 환경을 청결히 함.

---

(1) 청결습관 지도의 필요성 및 목적

- 청결습관 지도는 아동 자신의 몸을 깨끗이 하는 것뿐 아니라, 스스로 청결의 필요성과 편리함, 쾌적함을 깨닫고 자신과 주변 환경의 청결을 유지하는 습관을 기르는데 목적을 둔다.
- 영유아기에는 면역력이 약하기 때문에 각종 질병에 걸릴 위험이 높으므로, 청결과 위생에 대한 주변 성인들의 특별한 관리가 필요하다.
- 특히 손씻기 등 아동 자신의 몸을 청결하게 유지하는 습관은 위생관리를 위해 중요할 뿐만 아니라 질병의 예방 차원에서도 매우 중요하다.

(2) 지도 시 유의사항

● 바른 청결습관 형성을 위해서는 무엇보다 자신의 몸을 청결하게 해줄 각종 도구를 제공하는 것처럼 적절한 환경을 마련해 주는 것이 중요하며, 이러한 환

경 속에서 규칙적으로 몸을 씻고 정리하는 행위를 반복적으로 경험할 수 있도록 해야 한다.

● 적절한 세면도구를 제공하기
- 가정의 협조를 받아 개별 아동에게 맞는 칫솔과 양치컵, 치약을 준비한다.
- 비누, 칫솔, 치약 등의 올바른 사용법을 안내하고 적절히 사용할 수 있도록 지도한다.
- 소근육 발달에 따라 고형 비누의 사용이 어려운 영아에게는 물비누를 제공하고, 수시로 점검하여 여분이 남아있는지 확인하도록 한다.

● 아동이 이용하기 적합한 환경을 제공한다.
- 아동이 편리한 곳에 마련된 화장실과 함께, 그 안에는 아동이 사용하기에 적합한 높이와 크기의 세면대가 필요하다.

● 규칙적으로 씻고, 정리하는 경험을 제공한다.
- 화장실에 다녀온 후, 간식이나 식사 전 손 씻기, 식사 후 양치질, 놀이 후 정리 정돈하기 등의 하루 일과를 제공하여 규칙적으로 씻고 정리할 수 있도록 한다.

● 즐거운 마음으로 씻도록 한다.
- 교사가 억지로 씻기거나 씻게 할 경우, 청결습관에 대한 거부감으로 이어질 수 있으며 물과 비누, 칫솔 등에 대해 두려움이나 공포감을 갖게 될 수 있다.
- 씻는 행위가 즐거운 놀이처럼 인식될 수 있도록 접근하여 친근하게 여기도록 도와야 한다.

● 아동 개인의 발달수준을 고려하여 지도한다.

- 처음에는 손 얼굴 몸 등을 규칙적으로 씻겨주고 양치질도 규칙적으로 해준다.

- 교사가 무조건 해주거나 먼저 도움을 제공하기보다 가능한 한 혼자서 해 볼 수 있는 기회를 주어, 서서히 스스로 세수를 하고 양치질을 할 수 있도록 한다.

- 아동이 혼자 잘했을 때에는 충분히 칭찬해주고 격려해주는 주는 것이 청결습관 형성에 도움이 된다.

■ 올바른 손씻기 지도 방법
- 옷소매를 충분히 걷어 올린다.
- 물에 손을 적신다.
- 비누를 사용하여 손에 거품을 낸다.
- 손가락 사이, 손톱, 손등, 손목까지 충분히 거품을 내어 문지른다.
- 흐르는 물에 10초 이상(열까지 세도록 함) 헹구도록 한다.
- 손목에서 손가락 쪽으로 물이 흐르도록 대고 비누 거품을 깨끗이 헹군다.
- 수건으로 손을 깨끗이 닦는다.

 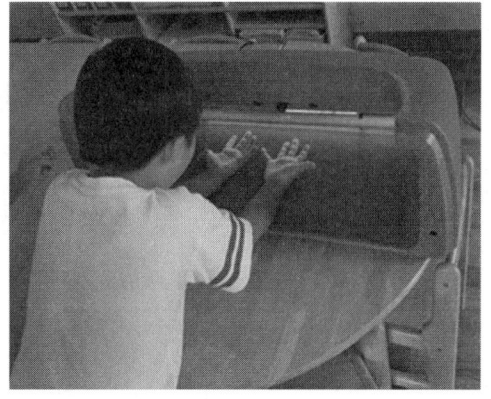

<사진> 어린이집에서의 손씻기 지도 예 (오른쪽: 뷰박스를 활용한 보건소 연계교육)

미국 질병통제예방센터(CDC)에서는 올바른 손씻기를 '가장 경제적이며 효과적인 감염 예방법'으로 소개하고 있다. 올바른 손씻기의 역할이 그 만큼 크다는 얘기이다.

매년 10월 15일은 '세계 손씻기의 날(Global Handwashing Day)'이다. 올해로 7회를 맞는 이 날은 2008년 10월 15일 유엔(UN) 총회에서 각종 감염으로 인한 전 세계 어린이들의 사망을 방지하기 위한 목적으로 제정되었다. 심각할 경우 사망에까지 이르는 감염 질환들이 간단한 손씻기를 통해 대부분 예방이 가능하다는 각종 연구를 바탕으로 만들어진 지구촌 캠페인이다.

CDC나 WHO(세계보건기구) 등의 통계를 보면 매일 세계적으로 2000명 이상의 어린이들이 설사와 같은 감염 질환으로 인해 목숨을 잃고 있다. 세계 손씻기의 날은 '비누로 손 씻기를 위한 공공-민간 국제 파트너십(The Global Public-Private Partnership for Handwashing With Soap)을 비롯해 전세계 정부, 국제기구, 시민단체, 비정부기구(NGO), 기업 등의 지지를 받고 있다. 국내에서도 손씻기의 중요성을 강조하기 위해 질병관리본부가 주최가 되어 다양한 손씻기 캠페인을 운영하고 있다.

[네이버 지식백과] 세계 손씻기의 날 - Global Handwashing Day

2) 청결 습관 지도에서의 원칙

바른 위생 습관 형성을 위해 영아용 칫솔과 치약, 양치 컵과 칫솔 소독기, 적절한 온수 제공 등 환경적인 배려가 우선 제공되어야 한다. 이러한 기본적인 도구 및 설비와 함께 교사의 체계적인 지도 원칙이 제시되어야 한다.

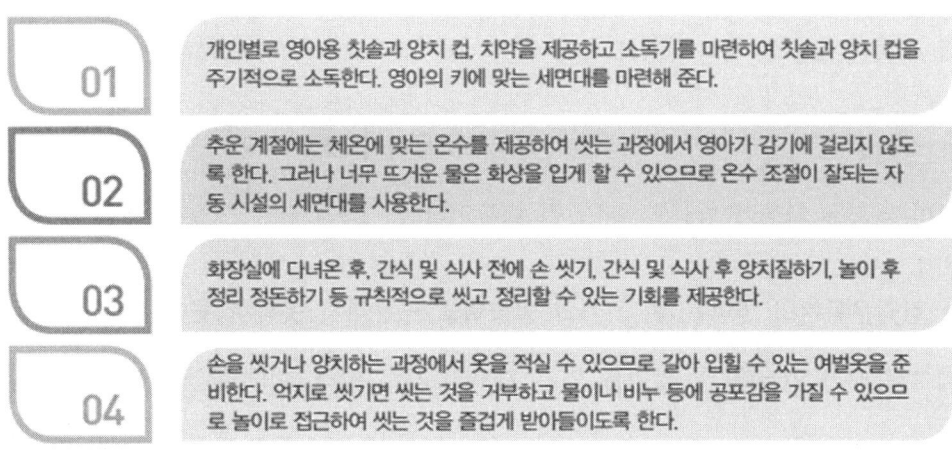

유아의 청결 습관은 대개 만 2세 경부터 식사 전후나 대소변 후에 손을 씻고 양치질하기, 만 5세 경부터 혼자서 목욕하도록 지도하는 것이 좋다. 자기의 몸가짐에서부터 자신이 사용하는 공간 및 물건들까지 깨끗이 관리, 유지할 수 있는 좋은 습관을 길러주어야 한다.

3) 연령에 따른 구체적인 청결 지도의 방법

(1) 손씻기

① 영아를 위한 지도

● 교사는 각 과정마다 영아가 잘 참여하여 손 씻기를 마무리하고 나올 수 있도록 적절한 도움을 제공하고 교사의 바른 손 씻기 모습을 시범으로 보여 준다.

● 소매를 걷어줄 때는 영아의 손목을 잡고 올리지 않도록 한다. 자칫 영아의 손목이 빠지는 사고가 발생할 수 있기 때문이다.

● 감각운동기의 영아는 손 씻기와 물놀이를 구분하지 못하여 물을 만지며 탐색에 집중하기 때문에 손 씻기를 잊는 경우가 자주 있다. 이때 손 씻기 시간을 강조하여 엄하게 제한하거나 위협하기보다는 영아의 욕구를 인정하고 잠시 기다려 주되 한계선을 분명하게 알려 주고 바로 해야 할 행동을 안내한다.

② 유아를 위한 지도

● 질병 예방을 위해 손 씻기 중요성을 배우도록 교육적 경험을 제공한다.

● 손을 씻는 바른 방법에 대해 인식하고 반복적인 연습을 할 수 있도록 놀이와 활동을 실행한다.

● 전이 시 다른 공간으로 빨리 가기 위해 대충 씻는 경우가 있는지 관찰하고 지도한다.

● 손을 씻고 난 후의 느낌을 인식하고 언어로 표현할 수 있도록 격려하여 스스로 씻고자 하는 동기 형성을 돕는다.

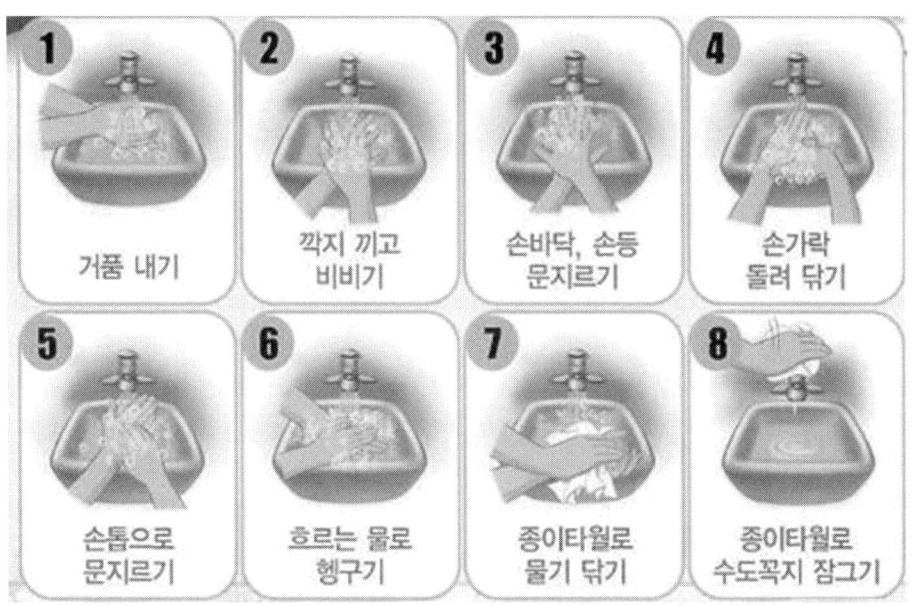

<그림> 손씻기 순서를 그림으로 나타낸 것

(2) 이닦기

① **영아를 위한 지도**

● 영아는 수유, 식사 후 깨끗한 손수건이나 실리콘 칫솔 등 영아의 월령에 맞는 것을 이용하여 영아의 잇몸과 이를 부드럽게 닦아준다.

② **유아를 위한 지도**

● 식사 후 바로 양치하는 것을 자동적으로 실행할 수 있도록 습관화한다.

● 다양한 놀이와 전문가 초청을 통한 활동을 통해 바른 칫솔질에 대해 관심을 갖고 연습할 수 있는 기회를 지속적으로 제공한다.

● 유아 스스로 할 수 있지만 교사가 옆에서 관찰하며 바른 칫솔질에 대해 알려주고 지도한다.

● 양치 후 입 닦기와 세수하기, 양치컵과 칫솔 정리까지 확장하여 지도한다.

● 유아 자신의 치아를 관찰하고 건강한 치아를 위한 음식을 선택할 수 있는 교육적 기회를 제공한다.

2. 영유아기 옷 입기 지도

옷을 입고 벗는 습관은 신체 각 부위의 협응이 발달하면서 가능하게 된다. 대개 3세반이 되면 혼자서 옷을 입고 4세 경에는 앞 단추를 벗기며 4세반이 되면 소매를 끼우고 5세 경에는 옷을 입고 벗는 것에 완전한 자립이 가능해진다. 그러나 이렇게 되기까지는 상당한 시간이 걸리며, 주변 성인들의 적절한 도움이 반드시 뒤따라주어야 한다. 즉, 영유아기에 걸쳐 꾸준한 소근육 기술 발달이 이루어지며 눈과 손의 협응 기능 역시 옷 입기 습관과 긴밀하게 관련된다.

> **지도 내용**
>
> - 옷을 벗어서 한 곳에 걸어두거나 잘 개어 두기
> - 혼자서 입고 벗기
> - 잠자리에 들 때와 깰 때 옷 갈아입기
> - 단추나 지퍼 꼭 잠그기
> - 옷을 입고 거울을 보며 단정하게 마무리하기

1) 영아를 위한 지도

● 걷기를 연습하며 자주 넘어지는 시기에는 바지를 입히는 것이 좋으며 실내에서는 미끄럼 방지 양말을 신기거나 양말을 벗기는 것이 안전하다.

● 영아에게 옷을 입힐 때 영아가 거부하지 않고 긍정적인 기분으로 수용할 수 있도록 다음의 조건을 만든다.

- 가급적 영아가 혼자 입고 벗어 볼 수 있는 기회를 많이 만든다.

- 영아가 제대로 옷을 벗거나 입지 못했어도 스스로 한 행동에 대해 성취감을 느낄 수 있도록 격려한다.

- 옷을 입혀 주는 동안 부드럽고 다정한 접촉이 자연스럽게 이루어지도록 하며 때때로 간지럼이나 입김 불기 등의 장난으로 친밀감을 증진하도록 한다.

2) 유아를 위한 지도

● 유아 스스로 옷을 입고 나면 거울을 보고 옷 매무새를 확인해보는 경험을 제공한다.

● 놀이와 활동을 통해 날씨, 계절에 맞는 옷에 대해 알아보고 적절한 옷을 입고 오도록 지도한다.

● 벗은 옷을 개보고 정리하도록 한다.

● 때와 장소 등 상황에 적절한 옷차림(예: 날씨나 계절, 땀이 났을 때 등)에 대해 알아보고 적합한 옷을 선별하여 입을 수 있도록 지도한다.

<연령별 지도 내용>

3세

- 날씨와 계절에 맞게 주어진 옷을 입고 생활하며 덥거나 추울 때 자신의 의사를 표현하게 한다.

4세

- 날씨와 계절에 알맞은 옷을 입어야 하는 이유에 대해 알아보고, 여러 가지 옷 중에서 현재의 날씨와 계절에 적절한 옷을 직접 골라 입어보게 한다.

5세

- 날씨와 계절 뿐 아니라 다양한 상황에 맞는 옷차림을 알아보고 적절히 입어보게 한다.

5 정리정돈 습관 지도

영유아기의 아동은 아직 발달하는 과정에 있는 만큼, 정리정돈에 대한 개념이 없고 언제 어떻게 치워야 하는지에 대한 정보 역시 부족하다. 그러므로 치우는 데 오랜 시간이 소요될 수 밖에 없다. 많은 부모들은 자녀가 어리다는 생각에 습관적으로 모든 것을 정리해주고, 깔끔하게 정리하려고 하는 경향을 보이지만 이러한 생활패턴은 아동에게 책임감을 배울 수 있는 기회를 빼앗게 되기도 한다. 어린 시기부터 놀이를 하고 난 후에는 반드시 조금씩이라도 정리정돈을 해야 한다는 것을 지속적, 일관적으로 알려주는 것이 필요하다.

연령	정리정돈의 발달
0-2세	- 기억력 등 인지가 충분히 발달되지 않았으므로 놀잇감의 원래 자리를 찾기 어렵다. - 기억력이 서서히 발달하면서 교사의 간단한 지시나 요청에 의해 제자리에 물건을 두기도 한다. 그러나 이것은 다른 사람을 돕기 위한 이타적 행동에 해당되지 않는다. - 2세 후반으로 갈수록 놀이에 몰입함에 따라 정리시간에 정돈하기를 거부하기도 하며 고집을 피우거나 떼부리는 행동도 보인다.
3-5세	- 본인이 놀이하던 물건들을 정리할 수 있는 능력이 생기나, 종종 잊는 경우가 있다. - 정리시간이 되었을 때, 또래의 구성물이나 놀잇감을 허락없이 무너뜨리는 경우가 있고, 이로 인해 갈등이 발생하기도 한다. - 대부분의 아동은 정리정돈 시간의 의미를 알고 치울 수 있으며, 놀잇감이 원래 있던 자리로 제자리를 찾아 정리한다. - 자신의 것 외에도 또래의 정리를 도와주는 행동 역시 가능하다.

<표> 영아와 유아의 정리정돈 발달

1. 정리정돈 행동에 대한 이해

● 정리시간은 전이를 포함하기 때문에 영아와 유아 모두 불안도가 가장 높은 시간이다.

● 유아가 정리정돈 습관을 형성하기 위해서는 정리시간에만 정리정돈을 하는 것이 아니라 놀이나 활동을 마치는 그 순간 정리정돈지도가 반복적으로 이루어지도록 하는 것이 바람직하다.

● 목표 : 정리시간에 어질러진 모든 놀잇감을 빨리 제자리에 넣는 것이 아니라 내가 놀이하거나 사용한 것은 스스로 치우는 것이다.

2. 영유아기 발달에 적합한 지도방법

1) 준비된 환경 마련하기

● 교구장 안의 자리나 수납 바구니에 놀잇감의 사진을 붙여서 놀잇감의 자리를 표시한다.

● 아동 개인의 사물함에 사진, 이름표를 붙여서 스스로 자신의 물건을 정리할 수 있는 공간을 마련한다.

● 아동이 넣고 다시 정리하기 쉽게 교구, 가구 등을 배치한다.

● 정리시간의 길이는 아동의 놀이 상황을 관찰하며 융통적으로 운영하되 지나

치게 짧지 않도록 유의한다.

● 유아의 경우 정리시간에 예측되는 분쟁 예방을 위한 토의시간을 갖고 유아들이 지킬 규칙을 만들어 게시한다.

2) 놀이나 일상생활 중 정리정돈 지도

● 아동이 자신의 양말이나 소지품을 넣어 정리할 기회를 반복적으로 갖게 한다.

● 아동이 놀이나 활동 중 다른 영역으로 이동하게 될 경우 놀이한 것은 바로 제자리에 넣고 가도록 하는데, 교사도 함께 참여하며 지도한다.

● 자유선택놀이 시 교사가 한 흥미영역에서 다른 흥미영역으로 이동할 때 놀이를 지속하고 있는 아동들이 있다면 해당 아동들이 놀이하는 것을 제외한 흐트러진 놀잇감이나 활동자료는 잘 정리하여 모델링을 보인다.

● 영아의 경우 대부분 스스로 정리를 하고 가지 못하므로 놀이가 마무리되는 시점에서 1~2개라도 자신이 놀이한 것은 제자리에 넣도록 직접적으로 지도한다.

● 유아가 놀이한 것을 정리하지 않았는데, 누구인지 관찰하지 못했거나 기억하지 못했다면 교사가 정리를 한다.

● 정리시간에 모든 놀잇감이 흩어져 나와 있다면 그것은 놀이 중 정리정돈이 제대로 이루어지지 않았거나 교사도 정리정돈을 하지 않은 경우이다. 아동들은 바닥에 어질러져 있는 놀잇감을 다시 갖고 놀지 않기 때문에 놀이 중 정리정돈 지도는 아동들의 놀이 집중을 돕는다.

- 일상에서 반복되는 정리정돈을 잘 할 수 있도록 지도한다.

3) 정리시간 지도

- 영아에게는 정리시간의 예고를 집단보다는 개별로 하거나 각 놀이하는 소그룹별로 교사가 이동하며 알려 준다.

- 영아에게 정리시간의 예고는 경험으로 유아들에게는 시계를 이용하여 알려 준다.

- 유아는 노래나 음악 등으로 정리시간 시작을 알려 줄 수 있으나 예고한 후에는 음악을 끈다.

- 정리시간이 되면 양육자를 찾거나 불안한 아동을 위해서 미리 개별로 알려주되, 정리시간 동안 교사가 어떻게 아동과 함께 있을 것인지 알려 주어 안정감을 갖도록 한다.

- 정리시간을 알려주는 노래를 들었을 때 유아들 중에는 흥분하여 놀이한 구성물을 부술 수 있는데, 유아가 다치거나 놀잇감이 망가지지 않도록 지도한다.

- 자신이 논 것을 치운 아동들은 다음 일과를 위해 어디에서 무엇을 하며 기다려야 하는지 알려준다. 정리를 하지 않고 뛰어다니는 아동들은 다음에 무엇을 할지 몰라서이다.

4) 연령에 따른 바람직한 지도방법

(1) 영아를 위한 적절한 지도 방법

교사는 영아가 사용했던 물건을 원래의 위치에 정리해 볼 수 있도록 안내해주고, 조금 더 월령이 높은 영아들에게는 하루의 일과 흐름에 따라(예: 바깥놀이 가기 전) 친숙한 놀잇감을 1-2개 정도씩 스스로 치워보도록 격려한다.

(예)
- "○○가 설거지 놀이를 하고 있구나. 다 씻은 후라이팬은 어디에 놓아야 할까? 아, 여기 후라이팬 사진이 붙어있는 곳이 있구나. 여기가 후라이팬 집인가 보다."
- "○○야, 이제 치우는 시간이 되었네. 종이벽돌들도 이제 집에 들어가고 싶대. 종이벽돌 집은 어디일까? ○○가 종이벽돌 집을 정말 잘 찾아 주었구나."

0~1세 '친숙한 자기 물건을 안다.'

2세 '도움받아 물건을 정리한다.', '스스로 물건을 정리한다.'

(2) 유아를 위한 적절한 지도 방법

아동이 가지고 놀이했던 물건들을 제자리에 다시 정리할 수 있도록 아동들의 발달 수준(예: 사진 혹은 글씨로 표시)을 반영하여 표시를 해준다. 눈에 쉽게 띄고, 바로 찾아 쓸 수 있는 위치에 소형 빗자루와 쓰레받기 등을 비치하여 필요할 때 자연스럽게 치우는 행동이 연결될 수 있도록 한다

3세 '주변을 깨끗이 한다.'

- 자신의 소지품과 생활공간을 깨끗이 유지하도록 하는 내용

4-5세 '주변을 깨끗이 하는 습관을 기른다.'

- 책상과 의자, 교구, 놀잇감 정리정돈을 통해 교실을 깨끗하게 정돈하고 쓰레기 배출 등도 실천할 수 있는 기회를 갖는 내용

[놀잇감 정리하기의 경우]

3세

- 유아 자신이 놀이한 놀잇감을 교사와 함께 제자리에 정리한다.
- 가지고 놀았던 놀잇감을 다시 정리하고자 할 때, 교구장 선반에 붙어있는 사진을 보면서 스스로 정리한다.

* 놀잇감 뿐 아니라, 개별 아동의 소지품(예: 양치컵, 가정에서 챙겨온 물건)에도 표시를 잘 해줌으로써 자기 물건을 제자리에 정리할 수 있도록 돕는다. "이 그림은 무엇을 나타내는 것 같니? 어떤 놀잇감의 그림자일까? 그러면 자동차는 어디에 정리하면 좋을까?"

4세

- 자신이 사용한 놀잇감과 주변의 놀잇감도 함께 정리한다.
- 정리정돈 시간에 아동 본인이 가지고 놀았던 물건을 제자리에 치우거나 또래

의 정리를 함께 돕는 경험을 한다. 작은 종이조각 등은 손으로 줍기보다는 빗자루를 활용하여 효율적으로 치워보도록 한다.

5세

- 여러 아동들이 함께 생활하는 공간에서 놀이를 하고 난 후 정리하지 않을 때 발생하는 문제점에 대하여 이야기 나누어 보고, 의견을 제시하여 약속을 정해본 후 실천하는 경험을 한다.
- 정리정돈의 과정에서 꼭 자신이 가지고 놀이한 물건이 아니더라도, 공동의 물건을 함께 치우는 과정을 격려해준다. 정리하기 전과 후의 모습을 비교하고 이야기 나누어 보면서 정리정돈의 좋은 점을 실제로 느껴볼 수 있도록 한다.

6 예절과 질서 습관 지도

1. 예절행동에 대한 이해

아동들은 대개 만 4세 경에 이르면 자기 편의나 자기만족을 위해 도덕규범에 맞는 행동을 하며, 만 5~7세 경에는 주변 사람들에게 받는 인정에 대하여 민감해짐에 따라 성인들이 바람직하다고 생각하는 규범에 적합한 행동을 하려는 모습을 보인다. 따라서 이러한 발달적 특징을 고려한다면, 만 4세 이하의 아동에게는 예의에 대하여 가르치고자 할 때 만족감을 줄 수 있는 기술적인 방법을 고려해야 하며, 만 5~7세의 아동에게는 바람직한 예절의 기준을 제시해 주는 것이 좋다.

예절을 익히는 것은 아동이 타인과 더불어 살아가는 과정에서 요구되는 기본적인 행동 규칙들을 익힘으로써 장차 공동체 생활을 원만히 해나가는 능력을 기르기 위한 것이다. 즉, 사람들 간에 서로 인격을 존중하는 마음가짐을 가지고, 이를 말과 행동으로써 표현하는 것이다. 전통이나 관습의 형태로 이어져 오는 예절을 지키는 것은 개인적으로 자신의 인격을 수양하는 일이며 사회적으로는 우리 사회의 구성원으로서 사회·도덕적 정체성을 발휘하는 것이다.

우리 사회의 정체성과 웃어른을 존중하는 정신이 급격히 무너지고 있는 현대의 실정을 생각할 때 예절은 특히 중요하게 다루어져야 하는 부분이다. 성인이 올바른 모범을 보이고 애정적이고 민주적인 권위를 적절히 사용하여 지도하는 것은 어려서부터 예절을 몸에 배도록 하는 데 효과적이다.

1) 인사와 언어예절

예의에 맞는 행동은 타인을 존중하고 배려하며 친절함을 표현하는 일임을 아동들이 알아가도록 지도한다. 또래나 어른에게 적절한 단어와 바른 어법을 사용하며, 웃는 표정으로 인사하는 예의를 갖추도록 안내한다. 아동이 자신이 타인으로부터 이름을 불리우거나 질문을 받을 경우에는 눈을 마주치고 이야기하며, 고마움 또는 미안함을 상황에 적절하게 행동으로써 표현하도록 안내한다. 또한, 말투나 태도 역시 대상과 상황에 맞게 갖추는 것이 필요함을 알려준다. 이러한 예의는 생활 속에서 꾸준히 지도하여 자연스럽게 습관화가 되도록 지도한다.

2) 질서지키기

- 아동은 질서를 유지하기 위해서 법, 규범과 같은 규칙이 있어야 하고 이를 지킬 때 모든 사람들이 안전하고 편안하게 지낼 수 있다는 것을 배워야 한다.
- 사회 전반의 공공질서를 유지하기 위한 법이 있고 이를 지키는 것도 질서 지키기에 해당된다.

2. 지도내용

1) 인사와 언어예절

0-1세 '만나고 헤어지는 인사를 해본다.'

2-3세 '바른 태도로 인사한다.'

4-5세 '친구와 어른께 예의 바르게 행동한다.'

- 반복하고 지속적으로 솔선하는 성인의 행동이 습관 형성의 기초가 된다.
- 인사하는 대상은 아동이 만나는 모든 사람들임을 알려주고 지도한다.
- 언어예절은 아동의 언어발달에 맞는 기대 수준을 가지고 지도한다.
- 어린 영아에게도 정중한 태도로 부탁하는 성인의 상호작용은 언어예절을 가르칠 수 있는 본이 된다.
- 유아가 대상과 상황에 맞는 언어를 사용할 수 있음에도 적절하게 사용하지 않는다면 그 원인을 파악하도록 노력하며 지도한다.
- 영아가 비어를 사용하는 경우에는 그러한 언어를 듣게 된 배경을 알아보고 원인을 제공하는 맥락을 없애도록 한다.
- 유아가 바람직하지 않은 언어를 사용한다면 그러한 언어를 듣는 상대방의 입장을 알려주고 대안이 되는 바람직한 언어를 사용하도록 한다.
- 3세가 되면 성인과 의사소통이 용이해지지만 자기 말을 하는 것이 우선하여 불쑥 대화에 끼어들거나 대집단 이야기 나누기 시간에도 기다리지 못하는 행동을 종종 보인다. 이러한 경우 잠깐 기다렸다 자신의 순서가 되었을 때 말을 할 수 있다는 것을 지도한다. 그리고 기다린 유아와 대화를 할 때는 집중하여 경청하는 자세를 보여준다.

2) 질서 지키기

0-1세 '친숙한 자기 물건을 안다.'

2세 '자기 순서를 안다.', '순서를 기다린다.', '간단한 약속을 지킨다.'

3세 '약속과 규칙을 지켜야 함을 안다.'

4세 '다른 사람의 생각, 행동을 존중한다.', '다른 사람과 한 약속이나 공공규칙을 지킨다.'

5세 '다른 사람을 배려하여 행동한다.', '다른 사람과 한 약속이나 공공규칙을 지킨다.'

- 아동이 질서를 잘 지키기 위해서는 아동을 위한 물리적 공간과 일과의 시간이 아동의 발달에 적합하도록 구성하는 것이 가장 우선한다.
- 교실의 평상시 분위기가 부드럽고 온정적일 때, 교사가 유머러스함으로 긴장된 분위를 완화시키고 아동의 긍정적인 기분이 오래 유지될 때 질서를 위한 교사의 지도에 대해 아동은 전적으로 수용하기가 쉽다.
- 어린 영아라도 타인의 표정을 보게 하고 공감을 이끄는 지도는 가능하다. 지켜야 하는 약속은 자신과 모두에게 필요함을 알려 준다.
- 유아들은 놀이 중에 언쟁이 자주 발생할 수 있는데, 교사가 서둘러 개입하기보다 관찰하며 지켜보다가 적절히 중재하거나 이를 개선하기 위한 규칙에 대해 이야기를 나눌 수 있는 활동과 시간을 갖도록 한다.
- 일과에서 질서 지키기와 관련한 갈등 상황이 반복될 경우 유아들과 학급회의를 할 수 있다.

● 교사가 관찰하지 못한 상황에서 질서 지키기와 관련한 갈등을 지도할 경우 바로 지금(here and now)의 시점에서 해결해야 할 문제를 가지고 이야기를 나눈다.

7 안전 생활 습관 지도

1. 안전 습관 지도에 대한 이해

영아는 왕성한 호기심이 발동되고, 탐색하려는 욕구가 어느 때보다 강한 시기이다. 또한 이와 함께 아직은 충동적이고 자기중심적인 성향이 많이 남아있기 때문에 안전 사고 발생 가능성이 높다. 어린이집이 아동에게 안전한 환경으로 구성되기는 하지만, 놀이시설에서 추락하거나 외상을 입고 이물질을 흡입하는 등의 안전사고가 발생할 수 있다. 어린이집에서 장시간 생활하는 영아들이 늘어나면서 안전 지도가 더욱 강조되고 있는데, 특히 최근 교사와 부모는 영아 발달 특성에 기초하여 안전한 환경을 제공하고 안전하게 돌보아야 할 뿐 아니라 영아 스스로 자신의 안전을 유지할 수 있도록 안전교육을 실시해야 한다.

영아에게 발생하는 안전사고의 유형은 연령 발달에 따라서 다르다. 예를 들어, 만 0~1세의 영아는 기고 앉고 서서 이동하는 과정에서 넘어지거나 떨어지는 등의 추락, 충돌의 사고가 일어나기 쉽다. 또, 이 시기는 무엇이든 입으로 가져가 탐색하는 시기이므로, 영아가 위험한 물건이나 물질을 흡입할 가능성이 있다. 만 1~2세 영아는 운동 능력은 미흡하지만 호기심이 강하고, 이동 능력이 급속도로 이 루어져 화상, 위험물 흡입, 놀잇감에 의한 사고 등이 발생한다.

* 매슬로우 : 신체적·심리적 안전은 소속이나 존중의 욕구보다 먼저 충족되어야 하는 가장 중요한 욕구를 언급하였다.

<그림> 매슬로우의 욕구이론에 근거한 인간의 욕구 7단계

2. 안전 습관 지도 내용

아동의 안전은 스스로 완벽하게 책임지기는 어렵지만, 연령에 적합한 교육을 통하여 아동의 수준에서 위험상황을 미연에 방지하여 자신과 타인을 보호하고 피해를 최소화하기 위한 것이다. 이러한 아동 안전 지도를 위해서는 구체적으로 필요한 사항을 이해하고 인식하는 지식, 위험 요소를 예측하고 예방하거나 신중히 행동하는 태도, 실제 상황에서 안전하게 행동할 수 있는 기술을 함께 가르쳐 주어야 한다.

0-1세에서 다루는 내용

내용	1수준	2수준	3수준	4수준
안전하게 지내기		안전한 상황에서 놀이한다.		놀잇감을 안전하게 사용한다.
		안전한 장소에서 놀이한다.		
		차량 승하차 시 안전 장구를 착용한다.		
위험한 상황에 반응하기		위험하다는 말에 반응을 보인다.	위험하다고 알려주면 주의한다.	

2세에서 다루는 내용

내용	1수준	2수준	3수준	4수준
안전하게 놀이하기		놀이기구나 놀잇감을 안전하게 사용한다.		
		안전한 장소에서 놀이한다.		
교통안전 알기	교통수단의 위험을 안다.		교통수단의 위험을 알고 조심한다.	
위험한 상황알기	위험한 상황과 위험한 것을 안다.		위험한 상황과 위험한 것을 알고 조심한다.	
		위험한 상황 시 어른의 지시에 따른다.		

3-5세에서 다루는 내용

3세	4세	5세
놀이기구나 놀잇감, 도구를 안전하게 사용한다.		놀이기구나 놀잇감, 도구의 바른 사용법을 알고 안전하게 사용한다.
안전한 놀이장소를 안다.	안전한 장소를 알고 안전하게 놀이한다.	
TV, 인터넷, 통신기기 등을 바르게 사용한다.	TV, 인터넷, 통신기기 등의 위해성을 알고, 바르게 사용한다.	

교통안전 규칙을 안다.	교통안전 규칙을 알고 지킨다.
교통수단을 안전하게 이용한다.	
학대, 성폭력, 실종, 유괴상황을 알고 도움을 요청한다.	학대, 성폭력, 실종, 유괴상황 시 도움을 요청하는 방법을 알고 행동한다.
재난 및 사고 등 비상 시 적절하게 대처하는 방법을 안다.	재난 및 사고 등 비상 시 적절하게 대처하는 방법을 알고 행동한다.

안전교육기준은 「아동복지법 시행령」 제28조에 성폭력·아동학대 예방교육, 실종·유괴의 예방·방지교육, 감염병 및 약물 오용·남용 등 보건위생관리교육, 재난대비교육, 교통안전교육의 5가지 항목을 구분하여 실시 주기, 교육 내용, 교육방법을 규정하고 있기 때문에 이 기준을 연간교육계획에 반영하여 실행하여야 한다.

안전교육 기준(아동복지법 제31조 및 같은 법 시행령 제28조)

구분	성폭력·아동학대 예방교육	실종·유괴의 예방·방지교육	감염병 및 약물의 오용·남용 예방 등 보건위생관리 교육	재난대비 안전교육	교통안전교육
실시 주기 (총시간)	6개월에 1회 이상 (연간 8시간 이상)	3개월에 1회 이상 (연간 10시간 이상)	3개월에 1회 이상 (연간 10시간 이상)	6개월에 1회 이상 (연간 6시간 이상)	2개월에 1회 이상 (연간 10시간 이상)
교육 내용	1. 내 몸의 소중함 2. 내 몸의 정확한 명칭 3. 좋은 느낌과 싫은 느낌 4. 성폭력 예방법과 대처법	1. 길을 잃을 수 있는 상황 이해하기 2. 미아 및 유괴 발생시 대처방법 3. 유괴범에 대한 개념 4. 유인·유괴 행동에 대한 이해 및 유괴 예방법	1. 감염병 예방을 위한 개인위생 실천 습관 2. 예방접종의 이해 3. 몸에 해로운 약물 위험성 알기 4. 생활주변의 해로운 약물·화학제품 그림으로 구별하기 5. 모르면 먼저 어른에게 물어보기 6. 가정용 화학제품 만지거나 먹지 않기	1. 화재의 원인과 예방법 2. 뜨거운 물건 이해하기 3. 옷에 불이 붙었을 때 대처법 4. 화재 시 대처법 5. 자연재난의 개념과 안전한 행동 알기	1. 차도, 보도 및 신호등의 의미 알기 2. 안전한 도로 횡단법 3. 안전한 통학버스 이용법 4. 날씨와 보행안전 5. 어른과 손잡고 걷기

				7. 어린이 약도 함부로 많이 먹지 않기		
교육 방법	1. 전문가 또는 담당자 강의 2. 장소·상황별 역할극 실시 3. 시청각 교육 4. 사례 분석	1. 전문가 또는 담당자 강의 2. 장소·상황별 역할극 실시 3. 시청각 교육 4. 사례 분석	1. 전문가 또는 담당자 강의 2. 시청각 교육 3. 사례 분석	1. 전문가 또는 담당자 강의 2. 시청각 교육 3. 실습교육 또는 현장학습 4. 사례 분석	1. 전문가 또는 담당자 강의 2. 시청각 교육 3. 실습교육 또는 현장학습 4. 사례 분석	1. 전문가 또는 담당자 강의 2. 시청각 교육 3. 실습교육 또는 현장학습 4. 일상생활을 통한 반복 지도 및 부모교육

3. 안전 습관 지도의 원칙

영아의 안전을 위해서는 부모, 교사 뿐 아니라 어린이집에 있는 모든 교직원들이 아동의 안전에 대하여 중요성을 공감하고, 혹여 사고가 발생하지 않도록 예방하는 조치를 함께 취할 수 있도록 한다. 또한, 성인의 노력과 함께 영아 스스로가 자신의 안전을 지킬 수 있도록 지도해야 한다.

이를 위해서는 교사, 원감, 원장, 운전기사, 조리사 등 어린이집의 모든 교직원이 안전에 대한 인식을 가지고 주기적으로 안전 교육을 받아야 하며, 시설·설비 안전 점검을 실시하여 놀잇감 및 놀이 기구, 시설물 등의 안전 상태를 주기적으로 확인해야 한다.

또한 안전 교육을 실시하여 실제 행동 요령 등을 직접 경험을 통해 몸으로 습득할 수 있는 활동을 진행해야 한다. 안전 교육은 각 주제별로 이야기 나누기, 안전에 관련된 동화, 어린이집에서 실제 발생했던 사례에 대한 설명 등을 통해 이루어질 수 있다.

부문		점검 내용	상태	
			적합	부적합
매일	영유아 보육·교육 기관 시설 내부 놀잇감	• 놀잇감이 부서지거나 날카로운 모서리가 없다.		
		• 놀잇감에 유해색소가 칠해져 있거나 칠이 벗겨져 있는 부분이 없다.		
		• 영아가 삼킬만한 작은 놀잇감이나 부품이 없다.		
		• 볼트와 너트 및 부품 등이 빠진 것이 없다.		
		• 놀잇감 및 놀이 기구의 수납 상태가 양호하다.		
		• 놀잇감의 높이나 놀이 기구의 높이는 영·유아에게 적합하다.		
		• 나무로 된 놀잇감은 가시가 없다.		
		• 자동차 등 움직이는 이동식 놀잇감은 부딪지 않도록 배치되어 있다.		
		• 위험한 놀잇감이 방치되어 있지 않다.		
		• 보육실 내 모든 놀잇감은 청결하다.		
		• 영아들이 입에 넣기 쉬운 놀잇감은 매일 세척한다.		
주1회	안전 및 청결 체크 구비 품목	• 수납장에 안전 잠금 장치가 잘 부착되어 있다.		
		• 에어컨, 공기청정기 필터를 세척 및 건조를 하였다.		
		• 놀잇감 바구니에 파손된 곳이 없다.		
		• 원목 놀잇감 청소 및 그늘에서 건조를 하였다.		
		• 플라스틱 놀잇감 세척 및 일광소독을 하였다.		

<표> 어린이집 실내 안전점검표 예

4. 아동의 발달에 적합한 지도방법

● 교사와 양육자의 안전한 환경 점검과 관리를 통한 예방적 지도방법이 선행되어야 한다. 발달에 적합하지 않은 환경은 사고 발생의 가장 큰 원인이 되므로 발달에 적합한 환경, 놀잇감 및 공간을 기본적으로 배치한다.

- 안전생활을 위한 규칙을 만들되 이 규칙이 아동 자신, 다른 사람들, 물건에 대한 안전을 보호하는 규칙인지 확인한다.

- 초기 영아의 경우 낮잠 중 영아돌연사 사고가 발생하는 경우가 있으므로 교사는 이에 대한 수칙을 잘 인지하고 있어야 한다. 또한 아직 고형식을 먹을 때 어려워하는 음식들이 있고 질식의 우려가 있는 음식의 경우에는 각별히 주의하여 살펴야 한다.

- 영아를 지도할 때는 언어발달이 미숙하더라도 "위험하다"는 말을 들으면 알아듣고 주의할 수 있도록 도와주어야 한다.

- 안전을 위한 교사교육에 정기적으로 참여하여 교사 스스로 안전한 생활습관을 형성한다.

- 아동과 있을 때 주의 깊게 관찰하여 위험한 상황이 예측되는 경우 신속하게 움직여 안전사고를 예방하고 지도한다.

- 사고 예방을 위한 직접적인 지도와 놀이, 활동, 전문가 초청과 현장학습을 통한 다양한 방법의 안전생활교육을 실행한다.

- 양육자가 아동의 안전생활습관을 잘 지도할 수 있도록 가정연계를 적극적으로 실시한다.

V. 집단 생활 지도

1 집단 규칙 지도

[아동의 집단생활 습관 형성에 대한 기본 전제]

모든 아동에게 가능한 많은 자유로운 선택의 기회를 제공하고 욕구를 충족시켜주고 싶은 것이 대부분의 부모와 교사의 마음일 것이다. 하지만 가정과 어린이집, 학교와 사회는 개별 아동들에게 완전한 욕구 충족을 제공할 수는 없는 상황이며, 타인의 권익을 위해 자기의 욕구 충족을 보류하거나 포기 해야 할 수도 있고 심지어 타인에 의해 강제로 그 욕구가 좌절되는 경우도 있다.

아동은 이러한 욕구 충족의 한계를 알아야 하고 다른 사람도 자신과 마찬가지로 욕구를 가지고 있음을 배우는 것이 중요하다.

1. 규칙에 대한 이해

규칙은 아동들과 함께 만들어야 하며, 이때 정해진 규칙은 아동이 그 내용을 잘 이해하고 실천하기 위해 발달에 적합해야 한다.

1) 아동의 규칙에 대한 개념 발달

● 초기에는 규칙을 인식하지 못하다가 개인적 욕구 수준에서 규칙을 인식하는 수준, 그리고 점차 사회적 규범 차원에서 규칙을 받아들일 수 있는 수준으로 발달한다.

● 아동은 사회적 규칙들을 세분화하고 규칙의 사회적 기능 및 목적을 점차 이해하게 되어, 규칙에 대해 융통성을 발휘할 수 있는 수준으로 발달해간다.

피아제 (Piaget)			
1단계	2단계	3단계	4단계
영아는 전적으로 개인적 놀이를 하므로, 집단 내 규칙에 대해서는 아무 인식이 없다. 그러나 이시기 영아에게 개별적 접근으로써 반복, 일관된 규칙을 적용하고 알려줄 경우, 규칙 인식의 기초가 형성되기 시작한다.	규칙을 인식하기 시작하나, 그것을 단순이 모방하면서 개인적, 자기중심적으로 실행하는 특성을 보인다. 규칙은 바꿀 수 없으며 수정하는 것은 나쁘다고 여긴다.	더 이상 규칙을 외부에서 주어진 법칙으로 인식하거나 신성한 것으로 보지 않으며 자유로운 의사결정에 따른 결과물로 이해한다. 아직은 규칙에 대한 모호함이 남아있다.	규칙을 완전히 이해하고 습득한다.

<표> 피아제가 제시한 영유아기 규칙 습득의 단계

2) 아동 발달에 적합한 규칙

위에서 살펴본 바와 같이, 영유아기에는 학령기 이후 아동과는 달리 규칙을 이해하는 데까지 많은 시간이 걸린다. 또한 성인이 가르쳐주었다 해도 이를 온전히 수용하고 습득하는 데까지는 반복적인 연습과 일관된 지도가 필요하다.

아동에게 좋은 규칙이란, 먼저 그들의 이해 정도를 고려하여 만들어진 것임과 동시에 영유아기의 자기조절능력을 고려하여 정해진 것이다.

아동은 때로 성인이 납득하기 어려운 '규칙에 대한 혼란'을 보이곤 하는데, 다음과 같은 이유에 기인한다.

<영유아기 아동이 규칙을 지키기 어려운 이유>
- 규칙에 대한 정확한 이해가 어렵다.
- 규칙을 지켜야하는 이유와 필요성에 대해 잘 모른다.
- 규칙이 모호하여 그것을 지키는 실제적인 방법을 잘 알지 못한다.
- 아동이 실천할 수 있는 수준보다 어려운 규칙이다.
- 자신이 자란 가정 내에서 규칙과 관련된 경험이 없다.
- 가정에서와 어린이집에서의 규칙이 서로 상반되거나 기준이 다르다.

2. 지도내용 및 방법

1) 집단규칙 지도 내용

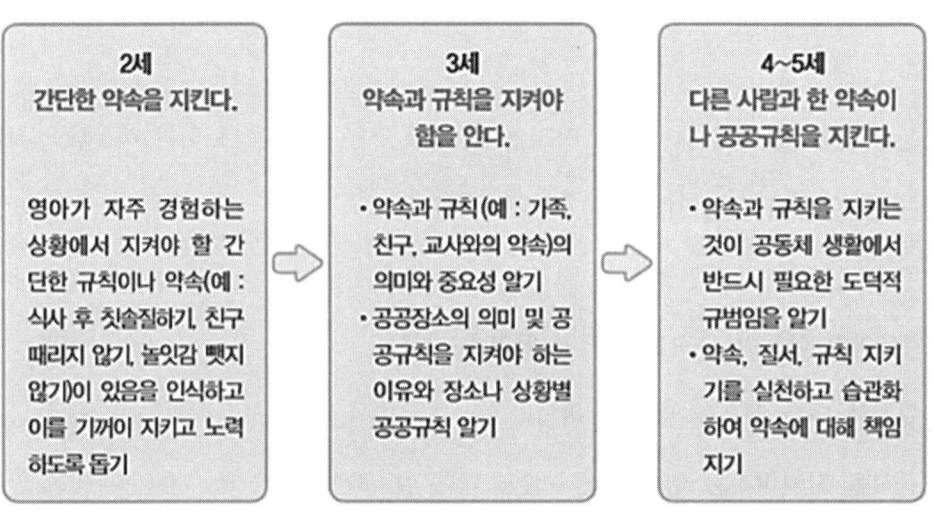

(출처: 영유아생활지도, 신혜원 외)

2) 규칙지도 시 고려사항

● 규칙 관련 활동을 할 때에는 교사와 유아 모두가 주제에 대해 토론하고, 서로의 의견을 듣고, 선택을 하고, 함께 문제를 해결하는 것을 목표로 해야 한다.

● 그림책(동화)를 사용하여 규칙 정하기와 규칙 지키기 활동을 할 때에는 이야기를 들은 후에, 줄거리 속에서 문제가 되었던 상황을 어린이집의 일상 속 경험에 적용하여 함께 이야기 나눈 후에 아동이 스스로 의견을 제시해보도록 기회를 준다. 즉, 아동들이 주도적으로 간단하게나마 토의를 통하여 자신들만의 규칙을 정하고 이를 지켜본 후, 자기 평가를 할 수 있도록 안내해준다.

- 아동에게 규칙과 관련된 질문을 하고 결과에 관해 이야기를 나눈다.

- 시각자료를 활용하여 활동을 한다.

- 쓰기가 가능한 경우 유아의 연령에 적합하게 쓰기를 포함함으로써 읽기 준비와 문해능력을 조장한다.

- 규칙이라는 용어 외에도 약속, 함께 지켜야 할 태도, 다 같이 해야 할 행동 등의 용어를 사용하여 아동의 규칙에 대한 이해를 도와줄 수도 있다.

[예] 3~5세의 <약속과 공공규칙 지키기> 관련 내용

3세	4세	5세
약속과 규칙을 지켜야 함을 안다.	다른 사람과 한 약속이나 공공규칙을 지킨다.	
	자연과 자원을 아끼는 습관을 기른다.	

2 긍정적인 또래관계 지도

1. 또래관계에 대한 이해

또래 갈등의 경험은 아동에게 다른 사람의 욕구나 관점을 인식하게 하여 자기중심성에서 벗어나고, 자신의 행동을 조절하도록 하며, 특정 상황에서의 문제해결 방식을 숙달하도록 돕는다. 이같이 갈등상황이란 사회성 및 인지발달에 긍정적인 영향을 미치는 좋은 교육의 기회이기도 하다.

1) 영유아기 또래관계발달의 주요 특성

연령	또래 관계 발달 특징
생후 6~8개월	다른 영아를 쳐다보고, 손을 내밀거나 만지는 등 의도적으로 접촉을 시도하려는 행동을 보이며, 또래에 관심을 보인다.
생후 9~12개월	다른 영아들의 반응에 민감해져, 소리나 행동을 모방한다.
생후 13~18개월	`다른 영아를 유심히 쳐다보는 행동을 보인다.
생후 19~24개월	또래와 서로 미소짓고 즐거워하는 등 또래에 대한 긍정적 정서가 출현한다. 놀잇감을 주고받으며 놀 수는 있지만 이것을 나누어 사용하지는 못한다. 놀이 할 때에는 혼자놀이 또는 병행놀이를 한다.
만 2세경	또래 옆에서 유사한 놀잇감을 가지고 놀지만, 서로 상호작용하지 않는 병행놀이를 주로 한다. 짧은 시간동안 서로 공을 굴려주는 등의 단순한 놀이는 가능하며, 친숙한 또래에게는 간단하게 인사를 할 수 있다.
만 3세경	또래와 주고받는 놀이가 가능해진다. 놀잇감을 공유할 수 있고, 빌려주거나 차례를 지키는 일도 이 시기에는 할 수 있게 된다. 또래 간에 대화가 활발해진다.

만 4세경	또래 간의 관계가 안정적으로 나타나며, 서로 의논하여 놀이를 계획할 수도 있으며 역할을 정해 놀이할 수 있다.
만 5세경	함께 놀이할 친구를 선택하기도 하고, 자신과 특별히 친한 친구가 생기게 된다.

<표> 연령에 따른 또래관계 발달

(1) 일시적인 놀이동료단계 (3~6세)

● 자주 놀이하는 친구를 또래로 여기고 선호하는 단계이다.

● 아직 자신의 입장에서만 관계를 생각한다.

● 교사는 아동의 긍정적 또래관계를 지원하기 위해 또래와의 놀이참여 기회를 늘리고 조망수용능력 향상을 위해 타인의 생각이나 감정을 이해하도록 지도하며, 놀이 중간에 또래가 놀이에 포함될 수 있도록 직접적 도움을 제공해야 한다.

(2) 일방적인 도움의 단계 (5~9세)

● 자신이 바르는 것이 충족되는지에 관심 있기 때문에 자신을 기쁘게 하는 또래를 친구로 생각한다.

● 친구를 갖고자 하는 욕구 강해서 또래놀이를 하고자 하고 관계를 갖기 위해 선물을 주거나 위협을 가하기도 한다.

● 또래 관계 속에서 다양한 사회적 역할을 시도한다.

● 동성의 또래와 놀이하는 것을 선호한다.

● 교사는 친구를 사귀고자 하는 욕구를 이해하여 또래 간에 유사점과 공통점을 찾고 우호적으로 친구관계를 맺는 법을 알려줘야 한다.

2) 또래지위 유형에 따른 아동의 행동 특성

또래로부터 얼마나 수용되는지에 따라 인기아, 거부아, 무시아, 양면성아, 보통아로 구분된다.

(1) 또래에게 인기 있는 아동

또래들에게 인기를 얻는 아동의 경우, 대체적으로 친사회적 특성을 가지고 있다. 아래는 사회성이 뛰어난 아동들의 일반적 특징을 정리한 것이다.

[사회적으로 유능한 아동의 특징]

① **사회성발달의 측면**

또래의 욕구와 흥미를 인식하고 이에 맞추어 행동할 수 있다. 자신의 행동을 조절하고 또래를 돕는 한다. 만약 친구가 부당한 행동을 한다면 이를 인식하고 적절하게 반응한다. 따라서, 상대방은 이 아동을 친절하고 사귀기 쉬운 또래로 인식한다.

② 정서발달의 측면

본인과 타인의 정서를 인식할 수 있고, 스스로의 정서를 조절하며 다른 사람의 감정에 공감을 보인다. 따라서, 또래는 이 아동을 우호적으로 느끼게 된다.

③ 언어발달의 측면

언어적 교류를 먼저 시작하며, 본인의 의견을 말로써 잘 표현한다. 타인의 의도를 이해하고, 상호작용을 유지하기 위해서 필요한 언어를 사용할 수 있다. 협상이나 화해를 하기 위한 언어를 사용할 수 있다. 따라서, 또래는 이 아동에 대하여 협조적이며, 함께 소통하고자 한다.

④ 인지발달의 측면

타인의 사고와 욕구를 생각해보고, 이에 따라 자신의 행동을 조절한다. 문제가 발생했을 때 이를 해결하기 위한 대안을 생각해내고 예측되는 결과에 대하여 고민하는 성향을 보인다. 따라서, 주변의 또래들은 이 아동에 대하여 유능하다고 느끼고 우호적이 된다.

(2) 또래에게 무시되는 아동

- 또래로부터 선호되거나 싫어한다고 지명되는 일이 거의 없는 아동

- 수줍음을 많이 타고 소극적 특성을 보임.

- 또래집단에 참여하려는 시도가 거의 없고 관심의 대상이 되는 것도 싫어함.

- 주로 혼자놀이를 함.

- 상호작용을 회피하는 경향이 있음.

(3) 또래에게 거부되는 아동

- 친구가 없고 또래들이 싫어하는 아동

- 적절한 사회적 기술이 부족하고 공격적이거나 방해적 행동을 많이 함.

- 거부-위축 유형: 사회적으로 미숙하거나 또래가 받아들이기에 특이한 행동하며 놀이를 방해함.

- 거부-공격 유형: 힘을 사용해 문제해결하려하기 때문에 상호작용을 지배하려 하고 비판적, 공격적인 행동을 함.

< 또래로부터 무시되거나 거부되는 원인>

- 기질적 특성: 소극적이고 내성적 성격으로 혼자 놀이를 선호함.

- 사회인지적 특성: 또래의 행동을 적대적으로 인식하는 귀인을 하거나 조망수용능력이 또래에 비해 미숙하여 또래관계에 어려움을 경험할 수 있음.

- 사회적 기술 부족: 또래와 상호작용한 기회가 적어 또래와 관계를 맺고 유지하는 데 필요한 사회적 기술이 무엇인지 지식이 없거나 연습할 기회가 적어서일 수 있음.

● 낮은 자아존중감: 이전에 또래관계에서 거부되거나 좌절감을 경험하거나 자아존중감이 낮아서 다가가지 못할 수 있음.

● 부모와의 부적절한 상호작용: 주 양육자와의 불안정한 애착 형성으로 인해 애정의 욕구가 충족되지 않아 대인관계를 맺는 것에 두려움을 느낄 수 있음.

● 신체적 조건: 체구나 외모가 매력적이지 않거나 비위생적이거나 단정하지 못한 경우 또래로부터 거부당할 수 있음.

3) 또래관계 주요 특성

● 영아는 주로 물리적 환경과 관련된 갈등이 발생하며, 유아는 관계와 관련된 갈등이 일반적으로 나타난다.

● 영아는 갈등을 해결하기 위해 신체적인 방법을 더 많이 사용하는 반면, 유아는 언어적 방법을 더 많이 사용한다.

● 여아는 관계지향적인 상황에서 갈등에 직면하는 경우가 많은 반면, 남아는 힘과 권력에 대한 갈등이 많다.

2. 지도내용 및 방법

1) 일반적인 또래관계 지도

● 아동의 또래관계와 발달단계를 주의 깊게 관찰하여 아동의 또래 관계에서의 어려움과 현재 상태를 파악한다.

● 아동의 일과시간 구성, 놀잇감의 수, 공간 배치, 놀이환경 등 환경을 아동의 발달 수준에 적절하도록 구성하여 또래 간 갈등을 예방한다.

● 또래와 함께 상호작용할 수 있는 활동이나 놀이시간을 다양하게 마련해주고, 특히 놀이에 참여하기 어려운 아동을 위해 놀이 에피소드가 시작될 때부터 놀이에 참여하도록 한다.

● 아동이 공동의 관심사와 유사성을 발견하고 또래의 긍정적인 특성을 인식하도록 지원한다.

● 집단 소속감을 발달시키도록 돕는다.

● 평소에 또래에게 긍정적으로 행동할 때 격려해주며 바람직한 행동을 강화하고, 적절한 행동에 대한 모델링과 설명을 통해 자기조절능력과 사회적 기술을 발달시킬 수 있도록 도와준다.

● 나누기, 차례 지키기, 협력, 양보하기 등의 친사회적 기술을 놀이활동이나 반복적인 연습을 통해 향상시키도록 한다.

- 다양성을 수용하고 존중하며 아동의 생각에 공감하는 상호작용과 교실 분위기를 통해 아동이 자신을 긍정적으로 인식하도록 해준다.

- 가정과 연계하여 부모가 자녀의 또래관계 특성을 이해하고 협력할 수 있도록 지원한다.

2) 또래갈등지도

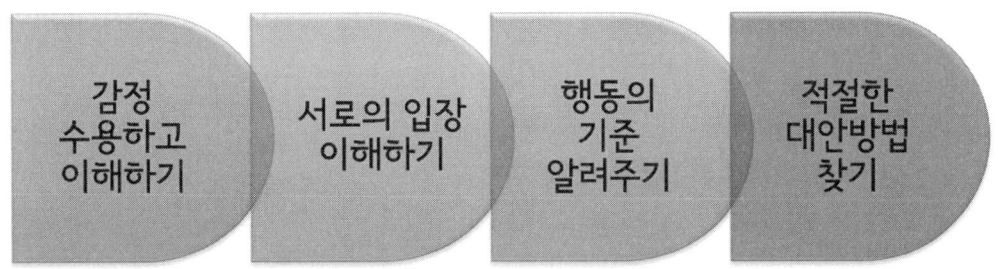

<그림> 또래 갈등 발생시 지도의 순서

(1) 또래갈등 중재단계

1. 또래갈등 중재 1단계 : 아동의 감정 수용하고 이해, 비언어적 수용, 감정을 간단하게 읽어주기

2. 또래갈등 중재 2단계 : 서로의 입장을 이해하도록 도움 주기. 원하는 것이 달라 생긴 상황임을 인식시키기. 각자 입장을 말할 기회 주기

3. 또래갈등 중재 3단계 : 필요한 경우에 귀납적 훈육 적용

4. 또래갈등 중재 4단계 : 적절한 대안 찾기. 영아는 교사가 해결방안을 알려주고 유아는 직접 해결방안을 제안해보도록 하며 절충안을 찾기

(2) 또래갈등 지도 시 고려사항

● 교사 주도의 전형적인 방법으로 해결하기보다는 아동이 사회적 문제 해결기술을 연습하고 습득하는 기회가 되도록 해야 한다.

● 결과에만 집중하여 피해자 - 가해자를 판결하는 방식으로 중재하지 않아야 한다.

● 갈등 상황의 아동들 모두의 말과 관점을 있는 그대로 수용해주어야 한다.

● 해당 아동 각각의 욕구를 존중해주어야 한다.

● 갈등지도 시 영아와 유아의 발달 특성과 차이를 인식하고 지도해야 한다.

● 아동 간의 갈등을 무조건 양보와 타협의 강요나 교사의 일방적인 가르침으로 마무리하기보다 아동이 상대방의 생각과 감정을 이해하고 서로의 마음을 받아들일 수 있도록 하는 자연스러운 이해과정이 되어야 한다.

● 너무 잦은 갈등 개입이 오히려 스스로 자신의 문제를 해결하려는 기회를 없앨 수도 있으므로 아동 스스로 갈등을 해결하려는 환경을 만들어 주어야 한다.

● 친구와 함께 생각하고 놀이하면서 협력, 협동했을 때의 즐거움과 보람을 느낄 수 있도록 다양한 경험의 기회를 갖도록 한다. 물건을 서로 나누어 쓰는 일, 차

례를 바꿔가며 상대방에게 양보하는 등의 여러 가지 또래 관계 증진 활동을 적용해 보면서 집단의 구성원으로서 협력하는 자세를 배우도록 한다.

● 또래 간에도 각기 생각이 다를 수 있으며 갈등이 발생할 수 있음을 알고, 이런 상황에서 중요한 것은 긍정적으로 문제를 해결하는 것임을 경험할 수 있도록 해준다. 다툼이나 갈등은 서로간에 이해가 부족함에 따라 생기는 것이라는 점을 알고, 상대 친구의 입장에서 생각해볼 기회를 준다. 갈등 발생 시에는 서로 배려하며 양보하는 태도를 가질 때 좋은 관계로 돌아간다는 것을 깨닫도록 돕고 격려한다.

【예】
- "○○가 친구 때문에 속상했구나. 무슨 일이 있었는지 말해줄 수 있겠니?"
- "그럴 때 친구의 마음은 어땠을까?"
- "어떻게 하면 마음이 상하지 않고 사이좋게 지낼 수 있을까?"

● 또래 간 갈등에 교사가 개입하는 경우, 혹여 어느 한 아동에게만 일방적으로 양보 혹은 배려를 요구하지 않도록 주의하여야 한다.

VI. 개인 행동 지도

1 분리불안

1. 분리불안에 대한 이해

대체로 6~8개월에 나타나기 시작한 낯가림은 12개월경에 가장 심하게 나타나고, 불안 행동은 대체로 8~9개월경에 나타나기 시작하여 15개월경에 최고조에 달하며 2세쯤 감소하면서 사라지기 시작한다. 대부분의 아동은 성장과정에서 주양육자와 헤어지는 경험을 하게 되며, 이 때 자연스럽게 분리불안을 경험하게 된다. 그러나 이 때 보이는 불안 반응에는 개인차를 보이는데, 그 원인으로는 다음 사항들을 들 수 있다.

1) 양육자와의 애착

안정애착은 비교적 분리불안이 적은 반면 불안정 애착 형성시 더 강하게 나타나는 경향이 있다.

2) 양육자의 과잉 보호

양육자가 지나치게 과잉보호를 하게 되면 아동은 양육자에게 의존적인 성향이 되어 양육자가 없는 상황에서 불안 수준이 높고 이로 인해 분리불안 행동이 많다. 또한 과잉보호는 아동이 스스로를 독립된 개체로 인식하는 것을 억제하여 분리불안 수준이 높아지는 경향이 나타난다.

(출처: 또 하나의 집 어린이집 생활이야기, 보육진흥원)

3) 아동의 기질

순한 기질인 경우 적게 나타나지만 까다로운 기질의 아동은 분리불안 행동이 많이 나타나는 경향이 있다.

4) 과거의 경험

아동이 양육자와의 분리를 이해하고 받아들이기 힘든 시기에 강제적으로 분리된 부정적인 경험을 한 경우에는 분리불안 행동이 심한 경향이 있다.

5) 가족 문제

가정 폭력이나 잦은 부부싸움 등이 해당된다.

2. 지도 내용과 방법

어린이집에 처음 간 아동은 자신의 집이 아닌, 매우 낯선 장소에서 생활하게 되며 애착의 대상이었던 부모가 아닌, 교사와 새로운 애착을 형성하며 애착 대상을 넓혀가게 된다. 이러한 과정은 아동의 정서와 심리에 있어 매우 큰 변화이며, 한동안 불안감을 느낀다. 이 적응이 잘 이루어졌을 때 아동은 어린이집에서 정서적으로 안정감을 갖게 되고, 주변 환경을 적극적으로 탐색하며 즐겁게 생활할 수 있다. 따라서 부모와 교사는 이러한 적응기간의 중요성을 인식하고, 기다려주며, 최대한 아동을 배려해 주어야 한다.

1) 분리불안 관련된 구체적인 지도 내용

교사는 아동의 분리불안 반응은 특별한 것이 아니라, 자연스럽고 당분간 지속될 수 있다는 가정 하에 서두르지 않고 다음과 같은 내용을 지도하기 위하여 계획을 세운다.

- 자신의 감정을 적절한 방법으로 표현하기
- 정서적 안정감 취하기
- 적응능력 갖추기

2) 연령에 따른 지도 내용과 방법

발달적 특성으로 인하여 연령이 어릴수록 즉, 영아반에 처음 등원하는 어린 아동일수록 분리불안을 강하게 표현할 수 있다. 유아들 역시 개인에 따라 새로운 환경에 놓이게 되면(첫 기관 경험, 새로운 학기의 시작에 따른 학급 및 교사의 변동, 또래그룹의 변화 등) 얼마든지 분리불안을 보일 수 있다.

● 0~1세, 2세

- 불안한 감정을 표정과 몸짓 등으로 표현한다.

- 양육자 혹은 교사의 위로를 통해 정서적 안정을 취하도록 돕는다.

- 애착물건을 활용하여 영아의 불안도를 낮추면서 안정감을 갖도록 한다.

● 3세

- 자신의 불안한 감정을 언어로써 표현하도록 돕는다.

- "엄마가 금방 데리러 온다고 했어요"라고 혼잣말을 하며 스스로 불안을 조절해 보려는 노력을 한다.

- 자신이 몰두할 수 있는 놀이를 하면서 정서적으로 안정감을 갖도록 돕는다.

● 4~5세

- 불안한 마음이 들 때, 역시 말로 표현하도록 권한다.

- 양육자와의 분리를 예측할 수 있는 나이이다.

- 양육자의 상황과 감정을 이해하고, 자신의 불안을 통제할 수 있다.

- 자신이 몰두할 수 있는 놀이를 하면서 정서적으로 안정감을 갖도록 돕는다.

3. 영유아 적응 프로그램 운영

일반적으로 어린이집에서는 학기 초 신입원아를 대상으로 적응프로그램을 실시한다. 낯설고 새로운 환경에 아동이 적응하는 데에는 누구나 시간이 필요하며, 이를 위해 담임교사를 비롯한 어린이집의 교직원들과 학부모는 협력하여 개별 아동이 무사히 적응할 수 있도록 길게는 짧게는 1주, 상황에 따라 길게는 한 달 이상의 프로그램을 운영하게 된다.

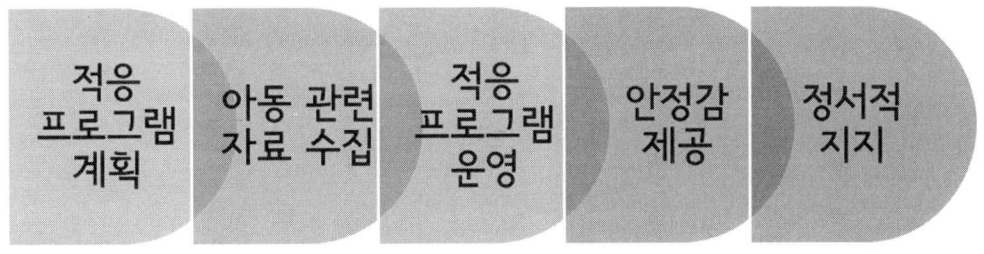

<그림> 적응 프로그램의 준비 및 진행과정

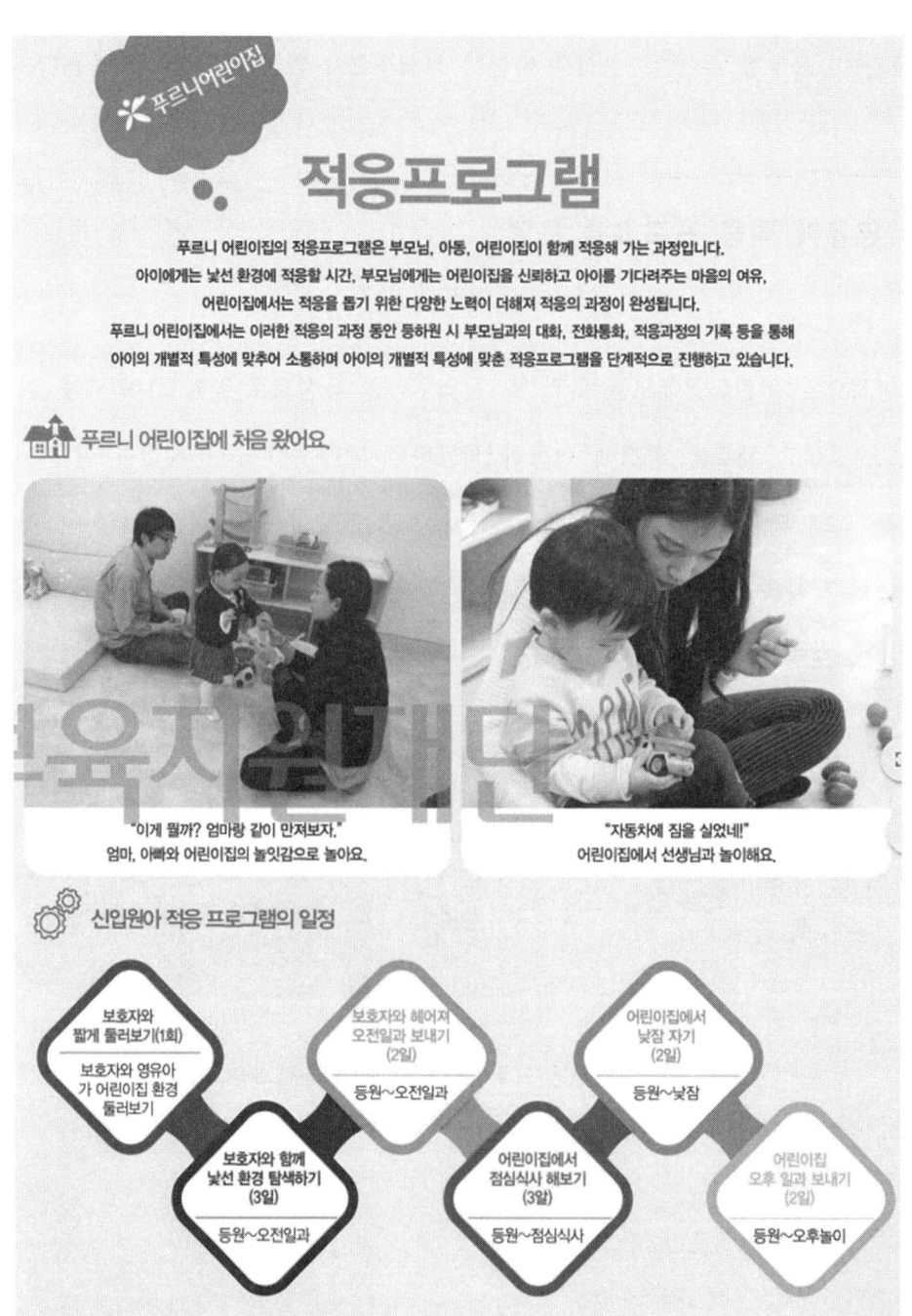

<그림> 어린이집 적응프로그램에 대한 구체적인 안내의 예 (출처: 푸르니보육지원재단)

아래는 만 3세반 영아의 적응프로그램을 실시한 후, 담임교사가 작성한 한 달간의 관찰분석 보고서의 예시이다.

O준우 부모님께

안녕하십니까? OOO 어린이집 토끼반 담임입니다. 토끼반에서 준우가 편안하게 적응할 수 있도록 적극적으로 협조해주신 부모님께 감사드립니다.

그동안 준우와 생활하며 교사들이 관찰한 내용을 토대로 현재 준우의 발달 및 생활 내용을 요약하고, 이후 건강한 성장을 위해 어린이집과 가정에서 협조해나갔으면 하는 점을 정리해보았습니다.

어린이집 생활에 대해 궁금하신 점이 있으시거나 더 구체적인 상담을 원하시면 교사에게 문의해 주시기 바랍니다. 가정에서의 양육과 어린이집 교육 간의 일관성을 유지하기 위해 홈페이지를 적극 활용하시기 바랍니다.

이 름		O준우 (40개월)	생년월일	20**. **. **.
영역별 발달 및 놀이	신체	준우는 실내·외에서 자기가 좋아하는 공간을 찾고 편안함을 느낄 때, 스스로 몸을 움직이며 놀이합니다. 자전거를 타고 놀이터 길을 따라 도는 것, 놀이실 내에서도 붕붕카를 타거나 기차에 물건을 싣고 움직이는 것에 흥미를 느끼고 즐거워합니다. 또한 계단이나 둔턱 위에서 깡총 뛰어내리며 신체를 움직여보기도 합니다. 준우는 또래 남아들에게서 일반적으로 나타나는 서로 몸을 부딪히는 놀이 - 즉 때로 과격할 정도로 서로 엉키면서 즐기는 신체 놀이나 미끄럼틀을 타며 몸으로 장난하는 놀이 등을 좋아하지는 않습니다. 하지만 친숙한 선생님과 함께 손을 잡고 빙빙 도는 놀이라든가, (최근에 더욱 특징적으로 나타나는) 음악에 맞춰 깡총깡총 높이 뛰거나 엉덩이를 흔드는 놀이를 할 때에는 절로 흥이 나고 적극적으로 참여하는 모습을 볼 수 있습니다. 대근육 발달은 전반적으로 무난하나 민첩하게 움직이거나 다양한 속도와 방향으로 몸을 움직여보고 멈추어보는 등의 활동에는 소극적인 측면이 있습니다. 이는 준우 자신의 놀이 성향에 따른 것이므로 토끼반에서는 준우의 특성을 고려하여, 무리하게 신체 활동으로 이끌기 보다는 준우가 흥미를 느끼는 대근육 활동을 발견하면 일과 중에 이를 자주 제공하여 줌으로써 충분한 신체 움직임이 일어날 수 있도록 배려하고 있습니다. 특히 요즘 토끼반 친구들이 가장 좋아하는 잡기 놀이(무궁화 꽃이 피었습			

	니다)에는 준우가 함께 재미를 느끼고 참여하고 있기 때문에 자연스럽게 달리고 뛰는 것을 경험할 수 있고, 더불어 <통통통> <깡깡총 체조> <토마토>등 준우가 스스로 적극 참여하고자 하는 율동과 체조 역시 매일, 자주 할 수 있도록 계획을 짜고 있습니다. 소근육의 경우 듀플로 기차놀이, 레고 블록 끼우기 놀이 등에 관심이 있고, 손으로 블록을 조작하여 스스로 간단한 구성물을 만드는 것을 좋아합니다. 최근에는 자신의 스케치북을 꺼내어 크레파스로 끄적거리며 나타난 흔적에 이름을 붙이는 놀이를 즐기고 있습니다.
언어	준우는 교사가 들려주는 일상적인 말, 동화의 내용, 이야기 등에 관심이 많고 주의 깊게 듣습니다. 특히 자신에게 '의미있는' 이야기 - 준우 자신, 자기가 좋아하는 놀이감, 엄마, 준우네 집 등에 관한 이야기를 들으면 눈을 반짝거리며 곧바로 교사의 말에 반응합니다. 이 때 가장 빈번하게 나타나는 특징적인 반응은 "응, 준우 엄마 낮잠 자고 오신대" "응, 준우네 집이야" "어, 토끼가 코 자고 있네" 등 교사가 했던 말을 그대로 반복하며 진지한 표정으로 이야기하는 것입니다. 또한 준우는 머리 속에서 떠오른 생각을 즉흥적으로 자신의 언어로 짧게 1~2단어로 표현하는 경우가 많습니다 (예: "자전거! 자전거 주세요" "무서운 나비!") 그러나 최근에는 학기 초에 비해 돌발적인 언어표현보다는 상황이나 맥락에 맞는 언어 사용의 모습이 더 자주 보입니다. 즉, 교사가 토끼반 친구들에게 들려주는 이야기를 들으면서 중간 중간 대화에 참여할 수 있고 이야기의 흐름을 이어갈 수도 있습니다. 준우는 과거, 미래의 시제를 어느 정도 이해하고 사용할 수 있으며 최근에 이중조사를 사용하는 모습(예: "엄마 곰<u>이가</u> 숲 속에 산대요")도 볼 수 있습니다. 토끼반 교사들은 준우가 하는 말을 귀기울여 듣고, 완전한 문장으로 다시 자연스럽게 들려줌으로써("그렇구나, 엄마 곰<u>이</u> 숲 속에 살고 있네") 준우가 즐겁게 말하고 듣는 경험을 하면서도 바른 언어의 모델을 보일 수 있도록 노력하고 있습니다.

	인지	준우는 자신이 흥미를 가진 놀이, 활동을 찾으면 몰입하여 놀이할 수 있습니다. 특히 자신이 스스로 만든 구성물을 활용하여 놀 때, 교사가 재밌는 노래나 율동, 이야기를 들려줄 때 꽤 오랜 시간 집중하며 충분히 즐깁니다. 준우는 주변의 새로운 사물, 상황에 대하여 호기심은 많으나 적극적으로 오감각을 활용하여 탐색하기 보다는 가만히 지켜본다든가 조심스럽게 냄새를 맡아봄으로써 사물을 파악하는 모습을 보입니다. 사물의 이름, 색깔, 시간과 공간에 대한 인식 등 3세에게서 일반적으로 나타나는 인지적 특징을 보여 토끼반 또래에 비해 빠른 발달을 보여줌과 동시에, 상황·맥락에 대한 이해에 있어 학기 초반에 비해서(놀이감 혹은 특정 사물에 집중하거나 자기중심적으로 상황을 해석하던 모습) 7월 현재에 접어들면서는 많이 달라져 좀더 넓은 범위에서의 상황 파악이 가능합니다. 또한 놀이를 할 때에 자신에게 의미 있었던 특징적 사건, 인물 등을 잘 기억해내고 현재 놀이 상황에 적용할 수 있습니다. (예: 초록색 옷에 대한 교사와의 대화를 기억하고 자신이 녹색 옷을 입고 왔을 때 그 이야기를 함 / 블록으로 집을 구성한 뒤 가족 이야기를 할 때 할아버지와 아빠 이야기를 교사에게 들려줌)

사회 · 정서	준우는 아침에 토끼반에 올 때 엄마와 떨어지는 것이 아직은 조금 어렵고 일과 중에도 엄마에 대한 강한 애착을 자주 표현합니다. 새로운 환경에 접하거나 낯선 사람을 마주치게 되었을 때 또래에 비해 두려움을 느끼는 정도가 강하며 안정감을 갖게 되기까지 일정한 시간이 필요합니다. 즉, 정서적으로 편안해질 때까지 엄마나 교사가 도와주면 자신만의 공간을 확보하거나 놀이감을 찾을 수 있고 그 때부터 서서히 활동이 가능합니다. 이러한 준우의 성향은 놀이에서도 나타납니다. 자신이 만든 구성물, 집에서 가져온 자동차 등을 가지고 자신만의 공간에서 안락감을 느끼며 놀이하고 있던 중 간혹 지나가던 친구가 준우의 공간을 침범하거나 놀이감을 만지게 되는 상황이 벌어질 때가 있는데, 이러한 자신의 경계가 무너지면 준우는 매우 당황스러워하며 순간적으로 분을 참지 못하고 공격적 행동(주로 얼굴이 빨개지도록 상대를 향해 큰 소리를 지르는 것)을 보입니다. 이럴 때 교사들은 준우를 진정시키고 상황에 대한 설명을 해준 후 너무 큰 소리를 지르지 않고도 부정적인 정서를 표현할 수 있다는 점을 일러주어 친구들과 같은 공간에서 지내는 방법에 대하여 알려주고 시도해볼 수 있는 기회를 줍니다. 준우는 친구와 같은 공간에서 놀더라도 한 가지 놀이감을 공유하는 것은 어려워하므로 친구와 다른 놀이감을 소유한 뒤 한 공간 속에서 각자의 놀이를 즐기는, 병행놀이의 형태를 보여줍니다. 하지만 최근에는 이러한 병행놀이의 횟수가 잦아지면서 간혹 놀이 속에서 또래와의 상호작용이 나타나기도 합니다(예: 준우가 블록으로 만든 집에서 놀고 있을 때 지나가던 친구가 초인종을 누르면 "누구세요~?"하고 대답하며 문을 열어줌). 자신에게 피해를 주지 않는 친구에 대해서는 우호적이지만 친숙한 또래와도 신체 접촉을 하는 것은 부담스러워해 그룹 활동을 할 때 서로 손을 잡는 것, 어깨에 손을 올리는 것 등이 어렵습니다. 그럼에도 불구하고 교사와의 스킨쉽은 얼마든지 가능하며 적극적으로 친밀감을 표현하거나 껴안고 뺨을 부비는 등의 애정표현을 하면서 정서적으로 안정을 느낍니다.

	배변	준우는 소변에 대한 의사표현이 확실하고, 실수를 하는 일은 거의 없습니다. 토끼반에서 바깥 놀이를 나가기 직전이나 잠들기 전 화장실에 가는 것을 전체 유아들에게 권하지만 준우의 경우 당장 자신이 배뇨 욕구를 느끼지 않으면 가기를 거부합니다. 하지만 스스로 얼마든지 조절이 가능하므로 현재 토끼반에서 하루를 지내는 동안에는 전혀 문제가 되지 않습니다. 대변의 경우 학기 초에 한 번, 일과 중에 변을 보고 싶으나 화장실에 가는 것이 편치 않아 불안해하던 모습이 관찰되어(바지를 내리고 한 장소에서 움직이지 않으려함) 토끼반에서 배변에 어려움을 겪지는 아닐까 걱정되었지만, 평소에 준우가 일과 중 배변 의사를 표현하는 적이 거의 없고, 변비의 증상 역시 보이지 않으며 다른 친구들보다 일찍 귀가하므로, 저녁 때 집에서 규칙적으로 변을 보고 있는 것으로 생각됩니다.
기본 생활 습관	식습관	준우는 아침에 등원하였을 때 간식을 제 시간에 맞추어 적당량 먹는 것이 어렵습니다. 이는 준우의 자연적인 생리적 리듬에 따른 것이기도 하고, 준우가 아침에 다른 친구들에 비해 약간 늦게 등원하면서 집에서 음식을 먹고 올 때 시간적으로 영향을 받기도 하는 것으로 이해됩니다. 교사들이 언제나 아침 간식을 따로 챙겨두고 오전 놀이 중에 계속적으로 권하고는 있으나 준우는 등원 후 놀이실 내에서 안정을 찾을 때까지 워밍업이 필요한 아동이기 때문에, 자기만의 시간을 갖고 놀이실 분위기에 편안함을 느낄 때까지 기다리는 동안 간식을 놓치는 경우도 종종 생기게 됩니다. 그러나 자신이 먹고 싶은 욕구가 생기거나 배가 고플 때에는 자신의 의사를 표현하고 원하는 만큼 먹을 수 있는 아이이므로, 오히려 점심 식사 때 식욕을 보이면 밥과 반찬을 일정량 이상 충분히 먹을 수 있도록 각별히 신경을 쓰고 있습니다. 하지만 준우가 좋아하는 메뉴와 그렇지 않은 메뉴, 식욕이 있는 날과 없는 날의 편차가 큰 편이라 매일 꾸준히 일정 분량의 영양분을 섭취하는 것이 쉽지는 않습니다. 이 부분에 있어 토끼반에서도 준우의 식품 선호도와 식사량을 보다 정확히 관찰하고 부모님께 전해드림과 동시에 가정에서와의 연계성 있는 지도가 필요하리라 생각됩니다.

낮잠	준우는 하루 평균 1시간~1시간 30분 정도의 낮잠을 자고 있습니다. 아침에 일찍 등원한 날, 또는 오전 실내외 놀이에서 활발한 신체 활동을 충분히 즐긴 경우 친구들과 비슷한 시간에 잠들기도 하나, 대부분의 경우 언어영역에서 조용히 책을 본다든가 인형을 안고 뒹굴거리기도 하면서 조용히 혼자 놀이하다가 30여분이 지난 후에 교사가 옆에서 도와주면 잠드는 경우가 대부분입니다. 준우는 월령에 적합한 정도의 낮잠을 자고, 잠에서 깨고 난 후에는 자기 자리에서 편안하게 누워서 휴식을 취하다가 일어나 앉습니다. 낮잠에서 깬 다음에는 오히려 아침 등원 때보다 금새 밝은 표정을 지으며 놀이실 분위기에 편안해합니다. 그 이후에 이루어지는 오후 일과에도 오전과 다름없이 자신이 좋아하는 놀이를 하며 안정된 모습으로 지낼 수 있습니다.
평가 및 제언	준우는 학기 초에 비해 토끼반에서 지내는 것이 한결 수월해지고 편안해진 모습입니다. 아침에 등원했을 때 엄마와 떨어지는 것을 초반에 많이 힘들어했으나 최근에는 잠깐 동안 엄마가 함께 있어주시거나 선생님이 안아주면서 엄마와 인사할 수 있도록 도와주면 예전에 비해 빨리 떨어질 수 있게 되었습니다. 무엇보다 이렇게 엄마와 헤어진 뒤 준우가 놀이실에서 보이는 모습에서 예전과 많이 달라진 점을 발견할 수 있습니다. 어린이집 등원 초기에 준우는 엄마와 일단 떨어졌다 하더라도 토끼반에 들어와 놀이에 참여할 때까지 일정 시간동안(대체로 20~30분 정도) 주변을 충분히 둘러보고 혼자서 안정을 찾은 후에 활동을 시작할 수 있었지만 현재는 선생님이 블록을 들고 공간을 구성하기를 제안한다든가 함께 책을 볼 것을 권하면 곧바로 가까이 와서 활동을 시작할 수 있습니다. 참여하는 놀이의 종류도 다양해져 최근에는 스케치북에 그림 그리는 활동, 물감 놀이, 즉흥적으로 선생님·친구들과 함께 모여앉아 좋아하는 노래를 부르거나 춤을 추는 활동, 간단한 집놀이(손님이 오면 문을 열어주고 맞이하는 놀이)등이 고르게 나타나고 있습니다. 준우는 친구들에 대하여 많은 것을 알고 있으며(친구의 이름, 놀이 특성이나 행동 등) 관심이 있으나 아직까지 적극적으로 함께 놀이하는 것에는 큰 흥미를 보이지 않습니다. 그러나 최근에 채민이가 토끼반에 들어오면서 이러한 준우의 놀이 특성에도 약간씩 변화가 생겨나고 있습니다. 비록 채민이와 하나의 놀이감을 주고받거나 함께 구성한다든가 역할을 맡아 놀이하는 것은 아니지만, 다른 친구들에 비하여 채민이가 자기 가까이에 있는 것

에 대하여 훨씬 편안해합니다. 때로 함께 웃으며 step box 위를 걷거나 준우가 만든 집에 채민이가 놀러가 둘이 같은 공간에서 놀이하는 모습이 관찰되기도 합니다.

준우는 초반에 비해 이렇듯 놀이의 형태가 다양해지고 친구들과의 교류에 있어서도 조금씩 발전되는 모습을 보여주며 정서적으로도 많이 안정되어가고 있습니다. 이런 준우를 보면서, 앞으로도 토끼반에서 지내는 동안 계속적으로 즐겁게 생활할 수 있고 보다 활발하게 놀이에 참여할 수 있으리라는 기대를 가져봅니다.

2 공격행동

1. 공격행동에 대한 이해

공격성이란 신체적 또는 언어적 행위로써 사람이나 동물 혹은 사물에 끼치는 사회적으로 바람직하지 않은 행동을 말한다. 영유아기는 언어발달의 개인차가 크고, 자기중심적 성향이 강한 시기로, 아동에 따라 본인의 욕구가 좌절되거나 또래와의 갈등 상황에 놓였을 때 공격적 행동이 나타날 수 있다.

굿이너프(Goodeniugh)에 의하면, 아동이 만 2~3세경이 되면 초점이 없는 분노 폭발은 점차 줄어들면서 또래가 공격하는 경우 발로 차거나 때리는 등 신체적인 보복이 나타나며, 이러한 신체적 공격은 다시 만 3~5세 사이에 줄어들고 언어적 공격의 형태로 나타나는 것을 발견하였다. 유아의 공격 행동은 연령에 따라서 변화하며 여러 요인에 의해 영향을 받는다. 유아의 공격적 행동에 관련된 요인은 다음과 같다.

1) 아동의 연령과 성별

아동의 공격적 행동은 나이에 따라 신체적 공격행동에서 언어적인 공격으로 변화 되며, 비교적 안전성을 갖는다. 또한 이러한 공격적 특성은 전 생애 동안 지속될 수 있으며 후에 성인기의 공격성과도 연관된다. 한편, 공격성은 성별에 따라 차이를 보여, 1년 6개월에서 2년 6개월 즈음에 여아의 경우 공격성이 감소하지만, 남아는 공격성이 여전히 그대로 지속된다. 또한, 남아의 공격성이 신체적·

물리적인 데 비해 여아가 언어적 공격성 표출 형태를 보이는 것은 남녀에 따른 사회화 과정의 차이 때문이라고 볼 수 있다.

2) 부모의 양육 태도

유아기의 공격성은 부모에 의해 조절된다. 부모의 여러 양육 태도 변인 중에서 공격 행동에 대한 부모의 허용성, 처벌, 비일관성이 가장 관련이 높게 나타난다. 그 외에 또래나 TV 등 대중 매체도 유아의 공격성에 영향을 주는 요인으로 들 수 있다.

<사진> 공격성을 연구한 Bandura

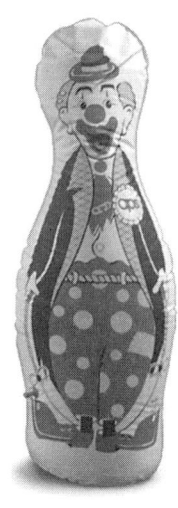
<사진> 보보인형

<사진> 보보인형 실험의 장면들

2. 공격성의 유형

아동의 공격적 행동은 크게 두 가지로 나뉘는데, 각각 도구적 공격성과 적대적 공격성으로 구분한다.

1) 도구적 공격성

의도하거나 목표로 하지는 않았지만 자신이 원하는 것을 갖기 위해서 상대방을 밀치거나 다치게 한 행동이다.

(1) 사물에 대한 도구적 공격성: 동시에 하나의 사물을 차지하려고 하는 과정에서 발생되는 공격 행동이다.

(2) 영역에 대한 도구적 공격성: 놀이 상황이나 일상 생활에서 좀 더 넓은 영역을 차지하려고 하는 과정에서 발생하는 공격 행동이다.

(3) 권리에 대란 도구적 공격성: 자신의 권리를 주장하는 과정에서 발생되는 공격 행동이다.

2) 적대적 공격성

상대방을 신체적 또는 심리적으로 고통을 주려는 의도를 가지고 행하는 공격 행동으로 자신이 이전에 받았던 모욕이나 상처에 대한 보복을 하기 위해 공격 행동을 하거나 자신이 원하는 것을 얻기 위해 공격 행동을 한다.

(1) 외현적 공격성: 밀기, 차기, 때리기와 같은 신체적으로 다른 사람에게 해를 주거나 욕과 같이 직접적인 언어표현으로 다른 사람을 위협하기 위해 보이는 공격성이다.

(2) 관계적 공격성: 다른 사람과의 관계를 손상시키는 공격성이다. 따돌림은 대표적인 관계적 공격성에 해당하며, 학령기 이상의 아동 혹은 청소년기에 나타나는 '왕따'현상이 대표적 예라 할 수 있다. 성인들에게 있어서는 험담이나 악성댓글 등이 해당된다.

정신의학신문

HOME > 뉴스

나는 험담의 대상일까 혹은 가해자일까?-험담을 멈추는 방법

박실비아 기자 | 승인 2019.05.09 13:37

대부분의 사람들이 남을 험담하기도 하고 동시에 험담의 대상이 되기도 한다.

우리 조상들은 물리적인 싸움을 통해 지배력을 확립하고 자원을 얻는 사람을 정했다. 이러한 관점에서, 진화심리학자들은 사회가 발전함에 따라 물리적 공격성이 외에 또 다른 형태의 공격성이 필요했다고 설명한다.

1990년대에 니키 크릭 박사와 그녀의 동료들은 '관계적 공격성'이라는 용어를 만들었다. 상대적 공격성은 보통 소문을 퍼뜨리거나, 사회 집단에서 배제하거나, 사적인 정보를 다른 사람에게 공개하겠다고 협박함으로써 그들의 평판이나 관계를 해치려는 것을 말한다.

관계적 공격성으로 인한 피해

관계적 공격성은 공격 대상과 공격자 모두에게 피해를 준다. 예를 들어, 험담의 대상은 누가 소문을 냈는지, 정확히 무슨 말을 했는지 그리고 어느 정도의 말이 사실인지, 그것이 끝났는지 아니면 계속 눈덩이처럼 불어나는지를 확실히 알 방법이 없다.

험담의 대상은 괴로움을 느끼고 불안이나 우울증 증세를 일으킬 위험이 있다. 가해자들 사이에서 우울증이나 불안의 위험은 잘 알려져 있지 않지만, 가해자 또한 자신의 행동에 대한 죄책감이나 후회가 우울증이나 불안으로 이어질 수 있다.

가십에는 긍정적인 효과도 있다?

우리는 보통 소문을 부정적인 중상모략으로 생각한다. 하지만, 가십은 중립적일 수도 있고 긍정적일 수도 있다. 몇몇 발달 심리학자들은 가십의 중요한 발달 기능이 있다고 주장해 왔다. 또래(즉, 가십거리)에 대해 이야기함으로써 젊은이들은 어떤 행동이 받아들여지고 어떤 행동이 받아들여지지 않는지를 알게 된다는 것이다. 일부 성인들도 사회적 규범과 경계를 더 잘 이해하기 위해 타인에 대한 대화를 사용하기도 한다.

> **험담의 동기는 무엇인가**
>
> 최근 연구에서 밝혀진 험담에 대한 두 가지 동기 중 하나는, 사회적 유대감과 긴밀한 관계를 공고히 하는 것이다. 실제로 험담을 하는 친구들은 그들의 관계에서 친밀감이 증대된 느낌을 경험한다. 또 다른 동기는 단순히 오락이다. 소문을 누군가와 공유하는 것은 본질적으로 매력적이고 재미있다.
>
> 우리가 진화적인 관점에서 가십을 생각하든, 발달 심리학자들의 보다 온화한 관점에서 생각하든, 전문가들은 험담에 대한 충동이 인간의 본성에 있다는 것에 동의하고 있다.
>
> **험담을 멈추는 방법**
>
> 그렇다고 하더라도 가십이 야기할 수 있는 피해를 최소화하기 위해 우리가 노력할 수 있는 부분이 있다.
>
> 험담을 하기 전에, 자신의 의도가 단지 신뢰할 수 있는 친구와 재미있는 것을 나누기 위한 것인지 아니면 소문이 퍼져서 피해를 입히기를 바라는 것인지 스스로 솔직해져야 한다. 자신의 정보가 잠재적으로 해를 끼칠 수 있고, 주로 자신과 친구들의 즐거움을 위해 공유한 것이라면, 험담을 멈출 수 있다.
>
> 의도를 분명히 하고 의식적인 결정을 하는 것은 가능한 일이며, 그로 인해 발생할 수 있는 잠재적 피해는 자신에게 책임이 있는 것이다.

3) 공격행동의 원인

(1) 기질적 요인

아동의 기질은 공격성에 영향을 미친다. 즉, 기질적으로 기운이 세고 에너지가 왕성한 경우, 이것을 충분히 발산하지 못하고 제한을 받게 되면 공격성이 표출될 수 있다. 즉, 아동이 비축해둔 체력이나 힘이 순간적으로 또래 혹은 교사를 향해 드러나면서 공격적인 행동으로 나타나는 것이다. 만약 양육자나 교사가 이러한 아동의 특성을 잘 파악하고 있다면, 신체적인 활동을 자주 제공해줌으로써 상당부분 공격성을 나타낼 가능성을 줄여줄 수 있을 것이다.

(2) 아동의 좌절 경험

아동들은 대개 좌절을 경험했을 때 더 열심히 노력하거나 교사나 또래의 도움을 요청하기도 하며, 포기를 하기도 한다. 그러나 같은 상황에서도 자신의 욕구가 만족되지 않았을 때 욕구불만의 표시로써 공격적 행동을 하는 아동이 있다. 이런 경우, 가급적 좌절을 경험하는 상황을 최대한 줄이도록 사전에 예방해주는 조치가 병행되어야 한다.

(3) 환경적 요인

주양육자의 과잉보호 또는 무절제한 사랑과 허용으로 인하여, 아동 본인의 욕구를 조절하는 법을 학습하지 못함에 따라 쉽게 분노하고 공격적으로 행동하는 경우이다.

(4) 상황에 대한 왜곡된 지각 및 이해

영유아기의 특성상 아동은 상대방의 의도를 파악하는 능력이 부족하므로, 의도하지 않은 행동이라 하더라도 일부러 그랬다고 여길 수 있다. 이런 일이 반복되는 경우, 교사나 성인은 아동으로 하여금 상대방의 표정이나 말, 행동 등을 잘 관찰하도록 돕고, 적대적인 의도가 없었다는 사실을 인지할 수 있도록 반복적으로 알려줄 필요가 있다.

3. 지도내용 및 방법

- 아동에게 공격 행동은 갈등이나 문제 상황을 해결하는 데 효과적인 방법이

아니며 자신의 생각이나 주장은 상대방에게 피해를 주지 않는 방법으로 실행하도록 안내해 준다.

● 공격행동에 대한 평상시 교사의 면밀한 관찰, 일관된 중재를 통하여 사전에 예방하는 것이 더 효과적이다.

1) 공격 행동 관찰하기

2) 공격 행동 원인에 따른 지도방법 모색하기

3) 공격행동을 예방하는 적절한 환경 구성하기

4) 공격행동에 대한 부정적 모델을 파악하고 이를 제거하기

5) 긍정적인 자기주장 방법을 지도하기

6) 가족 및 부모의 지원 구하기

[사례를 통한 공격행동 중재 지도]

> **사례 1) 마음에 들지 않으면 물건을 마구 집어 던지는 수연**
>
> 다섯 살 수연이는 고집이 세고 떼를 많이 쓴다. 한 번 화나면 장난감을 마구 던지고 펄쩍펄쩍 뛰며 분노를 조절하지 못한다. 처음에는 엄마도 같이 화를 냈지만 방안에 있는 모든 물건을 다 던지기 때문에 아동이 화를 내면 어떻게든 달래려고 한다. 하지만 엄마가 달래는 게 놀이처럼 생각되는지 점점 더 심하게 장난감을 던진다. 어떻게 말려도 행동이 더 과격해지는 수연이 때문에 엄마는 걱정스럽다. 사소한 일에도 소리 지르고 화내는 수연이의 분노를 다스릴 방법이 없을까?
>
> **사례 2) 기분이 좋지 않으면 욕하며 물건을 집어 던지는 영민**
>
> 다섯 살 영민이는 갑자기 욕을 하기 시작했다. 한번 욕하면 20~30분 동안 계속된다. 이 유를 물으니 기분이 안 좋아서 그렇단다. "그때는 '기분이 안 좋아'라고 말해야지."라고 가르쳐 주지만 나아질 기미가 보이지 않는다. 화가 날 때마다 물건을 집어 던지고 욕하고 드러눕기도 한다. 이불에 침을 뱉거나 동생을 자꾸 때리는 데 엄마는 이런 행동이 점점 더 심해지지 않을까 걱정된다. 종이접기를 할 때도 마음에 들지 않으면 다 찢어버리고 새로 시작한다. 화를 제대로 못 다스려서 그런 것 같다.

① **1단계: 상황 파악하기** '무엇이 문제이며, 문제의 특징은 무엇인가?'

수연이와 영민이는 표현은 다르게 나타나고 있지만 공통적으로 분노와 화를 공격적인 방법으로 해소하는 문제 행동을 보이고 있다. 드러나는 증상은 언어적 폭력과 과격 행동이지만 아동이 분노 감정을 폭발시키고 있다면 우선 아동 마음을 짚어주어야 한다. 이 때 아동이 화내는 행동 자체를 부정하면 마음을 짚어줄 수 없다.

② **2단계: 목표 설정하기**

따라서 수연이와 영민이의 문제 행동을 수정하기 위해서는 '아동과 긍정적 상호작용을 통해 정서적 관계를 개선한다', '공격적 행동에 대해 단호하게 "안 돼"라고 하며 신체적 제재를 가하여 공격 행동을 하지 못하도록 한다'는 목표를 설정한다.

③ **3단계:** 행동 강화하기 '문제 행동 수정을 위해 어떤 방법을 사용할 것인가?'
문제 행동 수정을 위해 다음과 같은 방법을 사용하기로 한다.

첫째, 아동이 공격적인 행동을 할 때는 신체적 제한을 가하며 단호하게 "안 돼!"라고 말해야 한다.

아동이 공격적인 행동을 보이면 부모나 교사는 단호하게 아동을 제지해야 한다. 신체적 제한을 가하면서 단호하게 "안 돼"라고 말하는 것은 때리거나 화내는 것보다 효과적인 금지 방법이다.

부모나 교사가 단호하게 "안 돼"라고 말해도 공격 행동을 멈추지 않는다면 단호한 태도로 물건을 치워 집어던질 수 있는 물건을 아예 없애버린다. 이때 아동이 발버둥치면 아동을 꽉 안아서 움직이지 못하게 일시적으로 신체적 제한을 가한다. 아동이 울음을 터뜨리고 분을 참지 못해도 부모나 교사는 물러서지 말고 차분하고 냉정하게 아동을 제재해야 한다. 아동이 울음을 그쳤을 때 위로해주면서, 물건을 던지면 안 되는 이유에 대하여 설명해준다. 분노 상황에서는 부모가 하는 말이 들리지 않기 때문에, 일단 아동을 진정하도록 한 후 스스로 본인의 행동을 돌아볼 기회를 주는 것이다. 이런 식으로 행동을 수정해주면 서서히 아동이 달라질 것이다.

둘째, 아동이 자신의 감정을 공격적으로 표현할 때 부모는 먼저 아동의 마음을

공감해야 한다.

아동이 화가 났을 때에는 우선 그 원인이 무엇인지 명확하게 파악한 후에, 그 감정을 읽어주는 것이 좋다. 동생에게 쏠린 관심에 대한 서운한 마음, 자신의 마음을 알아주지 못하는 엄마에게 속상한 마음 등을 공감해 주면 아동은 화를 내기보다는 울음을 터뜨릴 것이다. 이때 울음은 나쁜 것이 아니라, 카타르시스 효과를 주기 때문에, 아동의 마음 속 응어리를 풀어주고 공격성을 낮추도록 해준다. 아동이 울음을 멈춘 후 엄마가 꼭 안아주는 것이 심리적 안정감을 되찾는데 더욱 도움이 된다. 그런데 수연이의 엄마는 자녀의 화에 공감하지 않고 도리어 꾸짖는 행동을 하였다. 이에 수연이는 엄마 역시 자신의 적이라고 여기며, 조금만 화가 나도 분노하며 물건을 던지게 된 것이다. 영민이 엄마 역시 이유를 물어보고 다른 방법을 제시해주기는 했으나 영민이의 감정을 찾아내서 공감해 주지는 못함으로써 문제 행동이 반복되어 나타나고 있다. 따라서 엄마는 가장 먼저 아동의 감정을 공감해 주는 것이 필요하다.

셋째, 아동의 마음을 공감하기 위해서는 평소 부모와 자녀 관계가 긴밀해야 한다.

문제 행동을 하는 아동을 보면 부모가 아동의 감정에 무심한 경우가 많다. 부모와 자녀 관계의 기본은 정서적 소통이다. 소통이 제대로 되지 않으면 부모와 자녀는 서로를 이해 하지 못한 채 관계가 일그러지고 그러다 보면 아동은 엄마나 아빠 말에 반항하고 자기 마음대로 하려고 한다. 자녀와 관계를 회복하려면 긍정적 상호 작용을 통해 소통할 기회를 많이 갖는 것이 좋다. 긍정적 상호 작용은 서로 애정과 신뢰를 느낄 수 있게 교류하는 것 인데, 이때 아동이 좋아하는 놀이를 하는 것이 도움이 된다. 신체 놀이를 할 때는 아빠가 도움을 주면 훨씬 효과적이다.

넷째, 가트맨(John Gottman)의 감코칭법을 이용하여 아동의 마음읽기를 시도한다.

감정 코칭법에는 5단계가 있다.

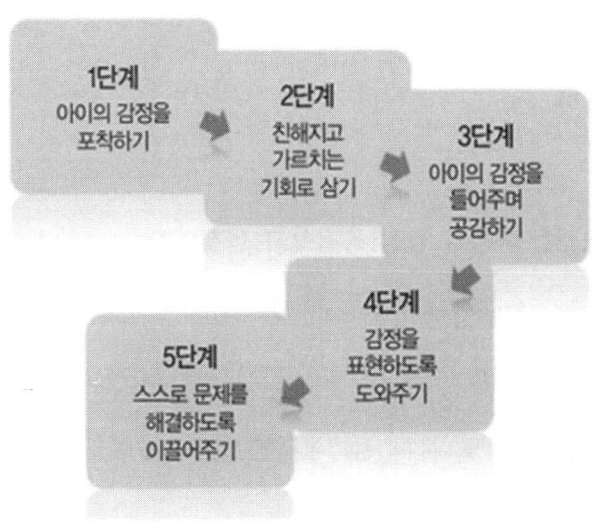

<그림> 감정코칭 5단계

㉠ **감정코칭 1단계: 아동의 감정 인식하기**

아동의 감정을 인식하는 가장 중요한 첫걸음은 아동의 행동 속에 숨어있는 감정을 찾아내는 것이다. 아직 언어구사력이 부족한 아동들은 말보다는 온몸으로 감정을 표현하기 때문에 부모나 교사는 행동 속에 숨어있는 감정보다는 눈에 바로 보이는 행동에 대해 먼저 이야기한다. 그러나 감정을 제대로 포착하여 읽어주지 못하면 아동의 행동이 더욱 거칠어질 수 있다. 따라서 감정 코칭을 시작하기 위해서는 꾸준한 연습을 통해 행동 속에 숨어있는 감정을 파악해야 한다.

ⓒ 감정코칭 2단계: 감정적 순간을 좋은 기회로 삼기

아동의 감정을 알아차렸다면 함께 '지금의 감정'을 이야기할 좋은 기회로 삼는 단계이다. 이때 부모 및 교사는 감정코칭을 할 것인지, 하지 않을 것인지 선택할 수 있다. 부모는 자녀의 감정 상태에 대해서 '지금 기분이 어때?'라는 개방형 질문으로 물어보거나, 아직 감정표현이 서투르다면 감정 날씨 차트를 사용하여 자녀의 감정을 함께 이야기할 수 있다. 이때 '왜 그래? 기분 나쁜 일 있니?'라는 식의 질문은 피해야 한다.

ⓒ 감정코칭 3단계: 아동의 감정 공감하고 경청하기

아동의 감정을 공감해주면서 본격적인 대화를 시작하는 단계로 감정코칭 단계에서 가장 중요한 부분이다. 아동은 부모 및 교사가 자신의 감정을 인정하고 공감해주면 강요하지 않아도 자기 감정을 개방한다. 감정을 공감해주는 데도 기술이 필요하다.

● **짐작하여 이야기 하지 않기**

성인이 아동의 마음을 지레짐작하는 것은 금물이다. 즉, "네가 굳이 말을 하지 않아도 나는 너의 감정을 다 알고 있다"는 방식으로 접근하는 것은 가장 위험하다. 아동의 입장과 현재 감정이 짐작되더라도, 스스로 자신의 감정을 말할 기회를 주고, 성인은 그것을 진지한 태도로 경청해주는 과정이 필요하다.

'나는 네가 말하지 않아도 네 감정을 다 알고 있다.'는 식으로 접근해서는 안 된다. 아동의 감정이 어떤지 짐작이 가더라도 아동 스스로 자기 감정을 들여다보고 이야기할 수 있도록 해야 한다.

● **긍정적, 부정적 감정을 모두 공감해 주기**

어떤 감정은 좋고 어떤 감정은 나쁘다는 식의 접근이 아니라, 모든 감정이 자연스러운 것임을 인정하고 아동에게 공감해주도록 한다. 물론 '동생을 갖다 버리고 싶은 마음'은 좋은 마음은 아니다. 그러나 먼저 아동의 감정을 공감해 주지 않는다면 어떤 것이 옳고 그른지 아동이 알 수 있는 기회 자체가 없어진다. 자신의 속마음을 알아주지 않는 부모에 대하여 더 큰 서운함을 느끼고 화가 날 것이다.

● **아동의 감정을 평가하지 말고 그대로 인정하기**

부모나 교사가 아동의 감정을 그 자체로 공감하기를 어려워하는 이유는, 좋은 감정과 나쁜 감정으로 나누어 판단하는 자동적 사고 때문이다. 부모 및 교사는 나쁜 감정은 아동을 힘들게 하고 부정적으로 성장하게 한다고 믿기 때문에 아동의 나쁜 감정을 인정하지 않거나 빨리 없애주려고 한다. 하지만 의도와는 달리 나쁜 감정을 억압하거나 부정하도록 강요받은 아동은 그런 감정을 느낄 때 죄책감을 갖거나 부끄러워진다. 누구나 다 느낄 수 있는 감정인데도 자기만 나쁘거나 이상하거나 부족해서 그런 감정을 느끼는 것으로 오해한다.

예를 들어, 동생에게 부모의 사랑을 빼앗겨 속상한 마음에 '동생 갖다 버렸으면 좋겠어'라는 표현했을 경우, '속상했겠구나'라는 감정을 공감하기 이전에 '못써. 그런 말을 하면 안 돼'라는 판단을 해버린다면 감정 코칭은 시작하기도 전에 실패가 된다. 이럴 땐 '동생을 갖다 버리고 싶을 정도로 속상했구나'라고 감정을 공감해주면 된다.

● **감정을 공감할 때는 언제나 신지하게 공감해 주기**

아동의 감정은 아동의 눈높이에서 진지하게 공감해 주어야 한다. 하던 일을 멈추고 아동과 눈을 맞추며 단 몇 분만이라도 아동에게 집중하여 이야기를 들어야 한다. 부모, 교사가 진지하게 자신의 말을 들어주고 진심으로 자신의 감정을 공감해 준다고 느낀다면 아동은 부모와 교사가 자기 감정을 소중하게 여긴다는 것을 알게 되고 자신의 마음을 솔직하게 개방하게 될 것이다.

㉣ **감정코칭 4단계: 아동이 감정을 표현하도록 도와주기**

아동 스스로 자기 감정을 표현할 수 있도록 돕는 단계이다. 아동이 자기의 감정이 어떤 것인지 잘 모를 때는 부모가 대신 감정에 이름을 붙여줘도 괜찮다. 하지만 가능한 한 아동이 스스로 자기 감정을 표현할 단어를 찾도록 돕는 것이 더 좋다. 아동이 자기 언어로 감정을 표현하면 더 쉽고 빠르게 감정에 접근하고 대처할 수 있기 때문이다.

㉤ **감정코칭 5단계: 아동 스스로 문제를 해결할 수 있도록 하기**

아동의 감정을 읽어주고 공감하고 감정에 이름을 붙였다면 다음은 문제를 해결해야 할 차례이다. 감정 코칭을 하게 되면 궁극적으로 아동이 처한 감정적 상황에서 유연하게 지혜롭게 해결책을 찾기 쉬워진다. 이 단계는 다시 다음의 다섯 단계로 구분된다.

● **먼저 공감하고 행동의 한계를 정해주기**

아동의 감정은 다 받아주어야 하지만 행동까지 받아줄 수는 없다. 옳지 못한 행동 이라면 반드시 한계를 그어주어야 한다. 이때 중요한 것은 아동의 감정이 아니라 행동이 잘못되었다는 것을 깨닫게 해주는 것이다. 예를 들어, 자신이 애써 만든 블록을 동생이 망가뜨려 속상하고 화나는 감정이야 충분히 공감해줘야 하지만 동생을 때리거나 발로 차는 행동은 허용할 수 없다. "동생이 네가 애써 만든 블록을 망가뜨렸구나. 정말 속상하겠다. 하지만 화가 났다고 어린 동생을 때리는 건 안 돼. 다른 방법은 없을까?"라고 감정을 공감 해주고 행동을 지적함으로써 아동이 거부감 없이 자신의 행동을 돌아보게 한다.

● **아동이 원하는 목표 확인하기**

동생이 블록을 망가뜨려 화가 난 아동에게 '어떻게 하면 좋을까?'라고 물으면 아동은 '동생 갖다 버렸으며 좋겠다', '엄마가 동생 한 대 때려줬으면 좋겠다', '동생이 다시는 블록을 망가뜨리지 않았으면 좋겠다'등 다양한 대답을 할 수 있다. 이때 동생을 때리거나 갖다 버리는 것은 안 된다는 행동 한계를 분명히 정한 다음 아동이 원하는 목표를 확인해야 한다. 아동 스스로 자신이 무엇을 원하는지 목표를 확인하는 것은 매우 중요하다. 그래야 그 목표를 이루기 위한 해결책이 어떤 것이 있는지 찾아볼 수 있다. 목표를 찾아 성취하지 못하고 감정만 누그러뜨리는 것은 바람직한 문제 해결 방법이 아니다.

● **해결책 찾아보기**

일반적으로 아동은 자기 수준에서 해결책을 찾는다. 부모나 교사는 더 좋은 해결책이 떠오르더라도 섣불리 해결책을 제시하면 안된다. 아동이 스스로 해결책을 충분히 생각할 수 있도록 '다른 방법은 없을까?'라는 질문으로 아동이 다양한 해결책을 찾도록 하는 것이 좋다. 아동이 너무 어려워하는 경우 부모가 몇 가지의 선택을 제안하는 것은 좋다. 아동이 제시한 해결책은 어느 하나라도 하찮게 생각해서는 안되며, 공감할 때와 마찬가지로 좋다, 나쁘다는 판단을 해서는 안된다. 아동이 해결책을 제시할 때마다 '그거 좋은 생각이네', '그런 방법이 있었구나'라고 말하며 긍정적인 반응을 보여주는 것이 좋다.

● 해결책 검토하기

아동이 생각한 해결책들은 다 의미가 있지만 그렇다고 모두 시도해 볼 수는 없다. 따라서 어떤 해결책이 가장 최선의 방법일지 아동이 제시한 모든 해결책들을 하나하나 살펴 보며 평가를 하는 작업이 필요하다. 이때도 역시 아동이 스스로 해결책을 살피도록 돕는 것이 중요하다. '이 방법은 성공할 수 있을까?', '할 수 있겠어?', '그 방법이 옳다고 생각하니?'하면서 해결책의 성공 가능성, 실현 가능성, 효과, 장단점 등을 생각해 볼 수 있도록 질문하면 아동은 해결책에 대해 다시 한 번 고민하는 시간을 가질 수 있다.

● 아동이 스스로 해결책을 선택하도록 돕기

해결책에 대한 최종 선택 역시 아동 스스로 하도록 하는 것이 좋다. 설령 아동이 최선의 선택을 하지 못했어도 괜찮다. 아동의 실수 또한 성장의 한 과정임을 명심하도록 한다. 아동이 선택한 방법이 그다지 효과가 없는 것이라도 일단 시도해보게 하고 직접 그 결과를 확인하도록 하는 것이 좋다. 아동이 할 수 있다고 믿어주는 것이 무엇보다 중요하다. 아동을 믿어주지 않으면 아동은 해결책을 선택할 때마다 부모나 교사의 눈치를 살피면서 스스로 선택하기를 포기한다.

부 록

[부록 설명]

2019년도에 만3~5세 유아들을 대상으로 한 누리과정이 전면 개정됨에 따라, 2020년부터는 아동보육 전공분야에서의 모든 실제가 개정 누리과정과 직접적 관련을 가지며 실시되어야 한다. 예비 보육교사들은 아래 제시한 고시문에 근거하여 추구하는 인간상, 목적과 목표, 각 영역에서의 아동생활지도 관련 내용을 숙지하여 아동과의 놀이 및 일상생활 속에서 자연스럽게 지도가 이루어질 수 있도록 해야 한다.

2019 개정 누리과정 고시문

Ⅰ. 누리과정의 구성방향

1. 추구하는 인간상

누리과정이 추구하는 인간상은 다음과 같다.

가. 건강한 사람

나. 자주적인 사람

다. 창의적인 사람

라. 감성이 풍부한 사람

마. 더불어 사는 사람

2. 목적과 목표

누리과정의 목적은 유아가 놀이를 통해 심신의 건강과 조화로운 발달을 이루고 바른 인성과 민주 시민의 기초를 형성하는 데에 있다.

이를 실현하기 위한 목표는 다음과 같다.

가. 자신의 소중함을 알고, 건강하고 안전한 생활 습관을 기른다.

나. 자신의 일을 스스로 해결하는 기초능력을 기른다.

다. 호기심과 탐구심을 가지고 상상력과 창의력을 기른다.

라. 일상에서 아름다움을 느끼고 문화적 감수성을 기른다.

마. 사람과 자연을 존중하고 배려하며 소통하는 태도를 기른다.

Ⅰ. 신체운동·건강

1. 목표

실내외에서 신체활동을 즐기고, 건강하고 안전한 생활을 한다.

1) 신체활동에 즐겁게 참여한다.

2) 건강한 생활습관을 기른다.

3) 안전한 생활습관을 기른다.

2. 내용

내용 범주	내용
신체활동 즐기기	신체를 인식하고 움직인다.
	신체 움직임을 조절한다.
	기초적인 이동운동, 제자리 운동, 도구를 이용한 운동을 한다.
	실내외 신체활동에 자발적으로 참여한다.
건강하게 생활하기	자신의 몸과 주변을 깨끗이 한다.
	몸에 좋은 음식에 관심을 가지고 바른 태도로 즐겁게 먹는다.
	하루 일과에서 적당한 휴식을 취한다.
	질병을 예방하는 방법을 알고 실천한다.
안전하게 생활하기	일상에서 안전하게 놀이하고 생활한다.
	TV, 컴퓨터, 스마트폰 등을 바르게 사용한다.
	교통안전 규칙을 지킨다.
	안전사고, 화재, 재난, 학대, 유괴 등에 대처하는 방법을 경험한다.

Ⅱ. 의사소통

1. 목표

일상생활에 필요한 의사소통 능력과 상상력을 기른다.

1) 일상생활에서 듣고 말하기를 즐긴다.

2) 읽기와 쓰기에 관심을 가진다.

3) 책이나 이야기를 통해 상상하기를 즐긴다.

2. 내용

내용범주	내용
듣기와 말하기	말이나 이야기를 관심 있게 듣는다.
	자신의 경험, 느낌, 생각을 말한다.
	상황에 적절한 단어를 사용하여 말한다.
	상대방이 하는 이야기를 듣고 관련해서 말한다.
	바른 태도로 듣고 말한다.
	고운 말을 사용한다.
읽기와 쓰기에 관심 가지기	말과 글의 관계에 관심을 가진다.
	주변의 상징, 글자 등의 읽기에 관심을 가진다.
	자신의 생각을 글자와 비슷한 형태로 표현한다.
책과 이야기 즐기기	책에 관심을 가지고 상상하기를 즐긴다.
	동화, 동시에서 말의 재미를 느낀다.
	말놀이와 이야기 짓기를 즐긴다.

Ⅲ. 사회관계

1. 목표

자신을 존중하고 더불어 생활하는 태도를 가진다.

1) 자신을 이해하고 존중한다.

2) 다른 사람과 사이좋게 지낸다.

3) 우리가 사는 사회와 다양한 문화에 관심을 가진다.

2. 내용

내용범주	내용
나를 알고 존중하기	나를 알고 소중히 여긴다.
	나의 감정을 알고 상황에 맞게 표현한다.
	내가 할 수 있는 것을 스스로 한다.
더불어 생활하기	가족의 의미를 알고 화목하게 지낸다.
	친구와 서로 도우며 사이좋게 지낸다.
	친구와의 갈등을 긍정적인 방법으로 해결한다.
	서로 다른 감정, 생각, 행동을 존중한다.
	친구와 어른께 예의바르게 행동한다.
	약속과 규칙의 필요성을 알고 지킨다.
사회에 관심 가지기	내가 살고 있는 곳에 대해 궁금한 것을 알아본다.
	우리나라에 대해 자부심을 가진다.
	다양한 문화에 관심을 가진다.

Ⅳ. 예술경험

1. 목표

아름다움과 예술에 관심을 가지고 창의적 표현을 즐긴다.

1) 자연과 생활 및 예술에서 아름다움을 느낀다.

2) 예술을 통해 창의적으로 표현하는 과정을 즐긴다.

3) 다양한 예술 표현을 존중한다.

2. 내용

내용범주	내용
아름다움 찾아보기	자연과 생활에서 아름다움을 느끼고 즐긴다.
	예술적 요소에 관심을 갖고 찾아본다.
창의적으로 표현하기	노래를 즐겨 부른다.
	신체, 사물, 악기로 간단한 소리와 리듬을 만들어 본다.
	신체나 도구를 활용하여 움직임과 춤으로 자유롭게 표현한다.
	다양한 미술 재료와 도구로 자신의 생각과 느낌을 표현한다.
	극놀이로 경험이나 이야기를 표현한다.
예술 감상하기	다양한 예술을 감상하며 상상하기를 즐긴다.
	서로 다른 예술 표현을 존중한다.
	우리나라 전통 예술에 관심을 갖고 친숙해진다.

V. 자연탐구

1. 목표

탐구하는 과정을 즐기고, 자연과 더불어 살아가는 태도를 가진다.

1) 일상에서 호기심을 가지고 탐구하는 과정을 즐긴다.

2) 생활 속의 문제를 수학적, 과학적으로 탐구한다.

3) 생명과 자연을 존중한다.

2. 내용

내용범주	내용
탐구과정 즐기기	주변 세계와 자연에 대해 지속적으로 호기심을 가진다.
	궁금한 것을 탐구하는 과정에 즐겁게 참여한다.
	탐구과정에서 서로 다른 생각에 관심을 가진다.
생활 속에서 탐구하기	물체의 특성과 변화를 여러 가지 방법으로 탐색한다.
	물체를 세어 수량을 알아본다.
	물체의 위치와 방향, 모양을 알고 구별한다.
	일상에서 길이, 무게 등의 속성을 비교한다.
	주변에서 반복되는 규칙을 찾는다.
	일상에서 모은 자료를 기준에 따라 분류한다.
	도구와 기계에 대해 관심을 가진다.
자연과 더불어 살기	주변의 동식물에 관심을 가진다.
	생명과 자연환경을 소중히 여긴다.
	날씨와 계절의 변화를 생활과 관련짓는다.

- 참고문헌 -

- 국립국어원 표준국어대사전 http://www.korean.go.kr/

- 김명순·김의향·이삼범·박초아·이미화·이한영·이미정·이윤선·이완정·마미정·김보라(2013).

- 김명순·나종혜·마미정·신나리·박진옥·손승희·이현미·한혜선·김영란(2012). 『5세 누리 과정에 기초한 어린이집 프로그램: 1권』. 서울: 보건복지부.

- 김명순·이남정·채은화·유지영·송현정·신승아(2013). 『3세 누리 과정에 기초한 어린이집 프로그램: 1권』. 서울: 보건복지부.

- 김명순·이미정·박은미·김선영·이종희·김영심·서원경·이세원·이민주(2012). 『5세 누리 과정에 기초한 어린이집 프로그램: 3권』. 서울: 보건복지부.

- 김명순·이미정·이윤선·정혜원·윤상인·오경숙·서원경·김성은·이민주(2013a). 『어린이집 표준보육과정에 기초한 영아 보육 프로그램 1세: 1권』. 서울: 보건복지부.

- 김명순·이미정·이윤선·정혜원·윤상인·오경숙·서원경·김성은·이민주(2013b). 『어린이집 표준보육과정에 기초한 영아 보육 프로그램 1세: 2권』. 서울: 보건복지부.

- 김명순·이미화·이한영·강정원·김혜금·박은희·유주연·김혜진·신승아(2012). 『5세 누리 과정에 기초한 어린이집 프로그램: 4권』. 서울: 보건복지부.

- 김명순·이완정·마미정·신나리·박진옥·손승희·이현미·강경란·서혜린(2013a). 『어린이집 표준보육과정에 기초한 영아 보육 프로그램 2세: 1권』. 서울: 보건복지부.

- 김명순·이완정·마미정·신나리·박진옥·손승희·이현미·강경란·서혜린(2013b). 『어린이집 표준보육과정에 기초한 영아 보육 프로그램 2세: 2권』. 서울: 보건복지부.

- 김명순·이완정·마미정·신나리·박진옥·손승희·이현미·강경란·서혜린(2013c). 『어린이집 표준보육과정에 기초한 영아 보육 프로그램 2세: 3권』. 서울: 보건복지부.

- 김명순·최혜영·박초아·황옥경·황혜정·성지현·김영명·이윤선·이주향(2012). 『5세 누리 과정에 기초한 어린이집 프로그램: 2권』. 서울: 보건복지부.

- 김명순·최혜영·이윤선·김주혜(2007). 『보육 프로그램 개발 제5권: 3세 보육 프로그램. 서울: 여성가족부.

- 김승희·김영주·백정언·김다래(2017). 『영·유아 인성 교육의 이론과 실제』. 서울: 정민사.

- 김영옥(2014). 『유아 인성 교육의 이론과 실제』. 서울: 공동체.

- 박진재·이은혜(2002). 「아동의 또래 관계 증진을 위한 사회적 기술 중재 프로그램의 효과」, 『유아 교육 연구』, 22(2), pp. 83~110.

- 보건복지부(2013a). 『제3차 어린이집 표준보육과정 교사용 지침서』. 서울: 한국시각장애인연합회.

- 보건복지부.(2013b). 『제3차 어린이집 표준보육과정 해설서』. 서울: 한국시각장애인연합회.

- 서울특별시·서울특별시 육아종합지원센터(2016). 서울시 보육 전문성 향상을 위한 월령별 영아 보육 프로그램 13~24개월. 서울: 서울특별시.

- 신혜원·김송이·이윤선(2019). 영유아생활지도. 서울: 파워북.

- 아이코리아(2013). 『유아 인성 교육, 우리 아이의 미래를 바꾼다』. 아이코리아

- 엄정애·이경미·박미경·김유림·고여훈·서정아(2011). 『유치원 기본 과정 내실화를 위한 인성교육 프로그램』. 서울: 교육과학기술부.

- 여성부(2002). 영아보육 실태조사 및 모형개발. 한국여성개발원.

- 이정욱·김영옥·백혜리·서현·박미자·박신애·주은희·전금자·박선자·장수정·김희선·서경희·이남주·김근희·김정연(2013). 『4세 누리 과정에 기초한 어린이집 프로그램: 4권』. 서울: 보건복지부.

- 이정욱·이연승·류미향·이민정·전지형·문원자·박향원·김미옥·손수정·박현주·윤영선·강인자·정미숙·우미경·신예림(2013). 『4세 누리 과정 교사용 지도서: 3권. 서울: 보건복지부·교육과학기술부.

- 이화여자대학교·이화어린이연구원(2016). 『영·유아 교육 기관에서의 일상생활 지도』. 서울: 파란마음.

- 전남련·이은임·김기선·남궁기순·백향기·이재영·원종순·김정화·손권희·박주선·박연순·김행숙·김혜란(2015). 『영·유아 인성 교육』. 서울: 양서원.

- 한국보육진흥원(2018). 『어린이집 평가 인증 안내』. 서울: 보건복지부.

- Berkowitz, M. W. & Grych, J. H.(2000). Early character development and education.

- Campbell, J. P.(1990). Self-esteem and Clarity of the Self-concept. Journal of Personality and Social Psychology, 59, 538~549.